# Silver Ornaments of Miao Nationality

Cultural Relics Publishing House

Beijing, 2011

## 《苗族银饰》编辑委员会

主　任　张继增
副主任　李嘉琪
委　员　（以姓氏笔画为序）
　　　　王红光
　　　　李黔滨
　　　　侯天佑
　　　　胡朝相
主　编　李黔滨

# 苗族银饰

贵州省文化厅
贵州省博物馆 编

摄　　影　郑　华
封面设计　周小玮
责任印制　陈　杰
责任编辑　王　戈

**图书在版编目（CIP）数据**

苗族银饰/贵州省文化厅，贵州省博物馆编．—2版．
—北京：文物出版社，2011.7
ISBN 978-7-5010-3209-9

Ⅰ．①苗…　Ⅱ．①贵…　②贵…　Ⅲ．①苗族-金
银饰品-中国-图集　Ⅳ．①K892.23-64

中国版本图书馆CIP数据核字（2011）第134464号

# 苗　族　银　饰

贵州省文化厅　贵州省博物馆　编

\*

文物出版社出版发行

http://www.wenwu.com
E-mail：web@wenwu.com

北京燕泰美术制版印刷有限责任公司印刷
新华书店经销

2011年7月第2版　2011年7月第1次印刷
787×1092　16开　印张：14.5
ISBN 978-7-5010-3209-9　定价：228元

# 目　　录

概述/李黔滨　9

图版　45

图版说明　205

后记　226

# 图 版 目 录

**壹 头 饰**

一　双龙戏珠纹大银角

二　银角

三　龙凤纹银角

四　龙纹三岔银角

五　螳螂银头花（银角附件）

六　银凤冠（附侧面）

七　银马围帕

八　蝴蝶银护头箍

九　圆盘吊穗银围头花

一〇　缀镂空银牌织锦马花帕

一一　银抹额

一二　二十四锥男式银头帕

一三　银发簪

一四　蝶形银发簪

一五　春芽花银发簪

一六　花鸟蝶纹银发簪

一七　凤凰银发簪

一八　银发簪

一九　龙头形银发簪（局部）

二〇　凤凰银花发簪

二一　蝶花吊穗银发簪

二二　响铃银发簪

二三　银凤发簪

二四　花鸟蝶纹银发簪

二五　银雀发簪

二六　蝶鼠花银发簪

二七　三层顶花银发簪

二八　凤鸟坠花瓜米头花银发簪

二九　斗笠形银插针

三〇　钺形银插针

三一　钉螺银插针

三二　银别簪

三三　龙首纹银头饰

三四　鱼龙虫鸟颤花包银木梳

三五　寿仙包银木梳

三六　银花梳（附局部）

三七　锥角式银梳

三八　花鸟纹包银木梳

三九　十三锥角冠坠吊钱纹包银花梳

四〇　银芒纹飘头排（附局部）

## 贰　耳　饰

四一　菱形银耳环

四二　盘坠银耳环

四三　"榜香由"银耳环

四四　灯笼吊穗银耳环

四五　三螺吊叶银耳环

四六　菊花龙爪叶银耳环

四七　钉螺坠银耳环

四八　牛角形银耳环

四九　竹节乳钉银耳环

五〇　瓜蝶牌叶坠银耳环

五一　圆轮形银耳环

五二　车轴式银耳环

五三　松塔形银耳环

五四　蝉纹叶片形银耳环

五五　莲花瓜米坠银耳环

五六　灯笼吊穗银耳环

五七　宫灯坠银耳环

五八　茄子形银耳环

五九　梅花针形银耳环

六〇　蝴蝶吊穗银耳环

六一　泡钉弯钩银耳环

六二　秤钩式银耳环

六三　蒜薹式银耳环

六四　双牛角形錾花银耳环

## 叁　帽　饰

六五　蝶形银衣帽饰

六六　狮形银衣帽饰

六七　狮形银帽饰

六八　狮形银帽饰

六九　"福禄寿喜"银帽饰

七〇　"福禄寿喜"银帽饰

七一　麒麟形银帽饰

七二　麒麟形银衣帽饰

七三　"福寿康宁"银帽饰

七四　虎形银帽饰

七五　狮形银衣帽饰

七六　鱼形银衣帽饰

七七　"长命富贵"银帽饰

七八　"八卦"、"六宝"银帽饰

七九　八仙银帽饰

## 肆　胸颈饰

八〇　牡丹纹银项圈

八一　藤形银项圈

八二　龙纹银项圈

八三　串戒指银项圈

八四　龙凤抢宝单层响铃银项圈（附局部）

八五　方柱扭索银项圈

八六　十三件錾花银排圈

八七　藤纹银项圈

八八　百叶银项圈

八九　錾花环片银项圈

九〇　开口银项圈

九一　响铃银项链（附局部）

九二　银项链

九三　梅花链响铃银项链

九四　百家锁

九五　双龙双狮纹银锁

九六　长命锁

九七　掐丝双凤朝阳纹银压领

九八　双龙戏珠纹银压领

九九　双狮戏球纹银压领（附局部）

一〇〇　双狮戏球纹银挂牌

一〇一　童子芭蕉纹银挂牌

一〇二　龙、凤、麒麟纹银压领

一〇三　银凤菩萨纹胸牌

一〇四　双龙双狮纹银吊牌

## 伍　手饰

一〇五　龙纹扭丝银手镯

一〇六　山果花带链银手镯

一〇七　钉螺纹银手镯

一〇八　刻寿字牡丹狮纹银手镯

一〇九　空心银手镯

一一〇　花鸟乳钉筒状银手镯

一一一　牡丹花纹银手镯

一一二　镂空梅花纹银手镯

一一三　双龙戏珠纹宽边银手镯

一一四　镂空菊花纹宽边银手镯

一一五　六棱形银手镯

一一六　帽钉式银手镯

一一七　小米纹银手镯

一一八　绕丝小米纹银手镯

一一九　宽边花朵纹银手镯

一二〇　镂空乳钉纹银手镯

一二一　凤鸟戏花泡钉银手镯

一二二　三纽贴花银手镯

一二三　梅花乳钉纹银手镯

一二四　竹节形银手镯

一二五　辫形银手镯

一二六　九凸朵花银手镯

一二七　花朵纹银戒指

一二八　十三珠银戒指

一二九　藤纹银戒指

一三〇　镂空梅花乳钉带崽银戒指

一三一　蜜蜂纹银戒指

## 陆　衣背饰

一三二　动物纹银衣片

一三三　野鹿衔枝纹银衣片

一三四　如意蝙蝠纹银衣片

一三五　镂空动物花卉纹银衣片

一三六　人物动物纹银衣片

一三七　蝴蝶铃铛吊

一三八　梅花围腰银链

一三九　银扣

一四〇　万字凸花银扣

一四一 双葫芦扣银背扇带

一四二 银背带（附局部）

一四三 寿星八仙银铃背带

一四四 螺纹银背牌

一四五 银权背吊

一四六 花蝶纹银背带、压领芯

**柒 腰坠饰**

一四七 银菩萨腰带（附局部）

一四八 蝶牌银腰链

一四九 蝶牌银吊饰

一五〇 蝶牌银吊饰

一五一 兵器银吊饰

一五二 蝠桃万字纹围腰银吊饰

一五三 笆篓形银吊饰

一五四 蝶牌银吊饰

一五五 雀珠烟盒银腰链

一五六 飞蛾花鸟围腰银牌

**捌 其他**

一五七 鱼形银帐饰

一五八 花篮形银帐饰

# 概　述

李　黔　滨

若论及饰银之盛，在中国广袤大地上，恐怕没有比苗族更甚者。尤其在苗族三大方言区之一的黔东方言区内的清水江流域、都柳江流域和潕阳河流域，那里的苗族简直就是一个被熠熠银光包裹着的民族(图一)。清水江畔的芦笙场上，苗族姑娘们浑身上下的银饰，重逾二十斤。地处偏僻且远离白银产地，经济文化发展又相对较为落后的苗族，把价值不菲的银饰作为民族的群体选择，并成为中国各民族中的饰银首户，无疑是现实展示在我们面前的一个奇特的文化现象。探其原委，这同苗族的物质及精神文明发展密切相关。联系该民族的历史和现实并加以审视和研究，我们不难发现，这种关联竟涉及到图腾崇拜、宗教巫术、历史迁徙、民俗生活等诸多方面，足以令人透过表面，观察到苗族文化本质的东西。

"服饰是文明的窗口，衣裳是思想的形象。服饰又是民族精神的外化，社会制度的表征"[1]。苗族银饰不仅向我们展示了一个艺术的物质世界，而且展示了一个集合着各种观念的精神世界。从某种意义上说，它的历史是一部感性化了的文化发展史。

## 一　历史沿革

在宏伟的创世史诗《苗族古歌》中，记载的关于苗族先民

[1] 戴平《中国民族服饰文化研究》，上海人民出版社，1994年，第2页。

9

**图一　贵州清水江流域身着盛装的苗族姑娘**

运金运银、打柱撑天、铸日造月的传说[2]，大抵是迄今见到的该族最早涉及金、银的口碑资料。别林斯基说："史诗是民族意识刚刚觉醒时，诗歌领域里第一颗成熟的果实。"由此，我们可以得出这样的结论：在"民族意识刚刚觉醒"的阶段，古歌创作者的头脑中还没有以银为饰的观念。然而古歌却折射出苗族先民重视金银的原始心理，这或许对今天苗族酷爱银饰的群体选择不无影响。

据考古资料显示，贵州出土有汉代至宋代的金饰、银饰、铜饰、陶饰、玉饰等，银饰则包括发钗、发簪、项圈、手镯、戒指等。出土有银发钗、银手镯、银簪、银戒指的贵州平坝马场东晋墓、南朝墓和唐墓，已被确定为汉族墓葬，对研究苗族银饰显然失去实证价值。而出土有铜簧形饰（跳脱）（图二）、铜手镯的清镇干河坝宋墓，"族属最大的可能是仡佬族"[3]；出土有扭丝银项圈、宽边银手镯的清镇琊珑坝宋墓，也被认为"是少数民族墓葬"[4]，但并未进一步确定其族属。不可否认，这两处墓葬出土的银饰、铜饰，同现在仍流行于苗族地区的银

〔2〕　潘空智《苗族古歌》，贵州人民出版社，1997 年，第 10～41 页。

〔3〕　贵州省博物馆考古组《贵州清镇干河坝石棺葬》，原载《考古与文物》1982 年第 3 期，第 29 页。

〔4〕　贵州省博物馆《贵州清镇宋墓清理简报》，原载《文物》1960 年第 6 期，第 66 页。

饰，在风格上颇为相似，但由于墓主族属未定，冒然将其作为苗族银饰的早期形态，难免有主观之嫌。而且，就贵州民族文化现象的现状而言，民族特点同地域特点往往互为影响渗透，有极大的趋同性。因此，两墓出土的饰物虽然有助于苗族银饰历史的研究，却不能当作依据，解决实质性的问题。也就是说，依靠贵州现有的考古资料，解决不了苗族银饰的历史问题。

那么，苗族银饰的历史究竟始于何时，不妨让我们结合历史，求助文献资料，寻求答案。

对于苗族的族源问题，专家学者们已达成共识，"苗族来源于黄帝时的'九黎'，尧、舜、禹时的'三苗'，而商周时的'荆蛮'则是三苗的遗裔，与苗族有着同源关系"[5]。由于研究需要，我们特别注意到史籍中有关九黎首领蚩尤、三苗首领驩头形象资料的记述。其曰："蚩尤氏耳鬓如剑戟，头有角，与轩辕斗，以角觚人，人不能向"[6]。驩头的形象特征为"人面鸟喙"[7]。二人皆长有翅膀，"杖翼而行"[8]。史籍中未见有二人佩戴饰物的记载。

秦、汉时期，苗族主要集中于洞庭右岸的武陵地区，称武陵蛮或五溪蛮。根据史籍记载：长沙武陵蛮"织绩木皮，染以草实，好五色衣服，制裁皆有尾形"[9]。可见，他们已掌握提取植物染料绘染织物的技术。出现尾形是这时苗族服饰的装饰特征。尾饰是摹拟兽类的一种伪装，往往同崇拜动物图腾有关。至今在苗族地区，仍然能见到不少保留着尾饰习惯的分支。

隋、唐时期，中央政府在边疆少数民族地区建立羁縻州。唐贞观三年（公元629年），东谢首领谢元深率各支首领进京朝贡。"东蛮谢元深入朝，冠乌熊皮冠，以金络额，毛帔，以韦为行縢，着履"[10]。谢元深是当时苗族的上层分子，他的装束代表了同时代苗族服饰的最高水平。其装饰除"以金络额"外，皆以毛皮为主。

同期，东谢"男子服衫袄、大口袴，以带斜冯右肩，以螺壳、虎豹、猨狖、犬羊皮为饰"[11]，风格大致相同。这时，苗族

**图二　贵州清镇干河坝宋墓出土的铜跳脱**

〔5〕《苗族简史》，贵州人民出版社，1985年，第4页。

〔6〕《山海经校注》卷十〈大荒南经〉，上海古籍出版社，1980年，第378页。

〔7〕同〔6〕，卷十二〈大荒北经〉，第433页。

〔8〕同〔6〕。

〔9〕《后汉书》卷八十六〈南蛮西南夷传〉，中华书局，1973年，第2829页。

〔10〕宋郭若虚《图画见闻志》卷五〈故事拾遗〉，《丛书集成初编》，1936年，第190页。

〔11〕《新唐书》卷二百二十二〈南蛮传〉，中华书局，1975年，第6320页。

11

妇女开始出现佩戴耳饰者。"妇人横布二幅,穿中贯其首,号曰通裙。美发髻,垂于后。竹筒三寸,斜穿其耳,贵者饰以珠珰"[12]。珠珰质地为烧料或玻璃一类,无疑是千姿百态的苗族耳环的雏形。

宋代,"西南诸夷,汉牂柯郡地……至道元年,其王龙汉瑶遣其使龙光进率西南牂柯诸蛮来贡方物,太宗召见其使"。"其使十数辈,从者千余人,皆蓬发,面目黧黑,状如猿猱。使者衣虎皮毡裘,以虎尾插首为饰"[13]。这时苗族的穿戴风格基本上同唐代的谢元深一脉相承。

"元丰五年、八年,绍圣四年,龙蕃皆贡方物。龙氏于诸姓为最大,其贡奉龙频数。使者但衣布袍,至假伶人之衣如见"[14]。史书认为龙氏使者穿着戏装晋见,是因为其太贫陋,希冀朝庭给以恩赏。而笔者认为,这恰是出于对中原文化的尊重。使者借穿戏装,势必连同所佩饰物,这对于苗族银饰历史的研究,应是不容忽视的一幕。当然,此时距离苗族银饰的盛行时期还相当漫长。笔者特别查阅了宋代朱辅的《溪蛮丛笑》及周去非的《岭外代答》,前者较详细地记录了五溪蛮各部的习俗及物产等,后者则对苗族习俗及物产有少量涉及,但均未见有关于银饰的记载。倒是《溪蛮丛笑》中关于山瑶聘礼的记录,有助我们后面的结论。其曰:"山瑶婚娶聘物以铜与盐。"既然是婚聘之礼,当然应该是珍贵之物。历史上,盐在山区无疑是天价之物。而铜也同为聘礼,说明宋代在苗族地区,很少有金属能取代或超过铜的价值。至此,我们可以得出一个这样的结论,唐宋以前,苗族没有饰银的习俗。

至明代,史籍中开始出现关于苗族佩戴银饰的记载。"富者以金银耳珥,多者至五六如连环"[15]。"妇人盘髻,贯以长簪,衣用土锦,无襟,当服中孔,以首纳而服之"[16]。身上也出现了银饰。妇女"织油如锦为盖头,服短衫,系双带结于背,胸前刺绣一方,银钱饰之"[17]。甚至以银饰为婚否标志。"未娶者以银环饰耳,号曰马郎,婚则脱之。妇人杂海肥、铜铃、栾珠,结缨络为饰。处子行歌于野以诱马郎"[18]。

〔12〕 同〔11〕。
〔13〕 《宋史》卷四百九十六〈蛮夷传〉,中华书局,1977年,第14225页。
〔14〕 同〔13〕。
〔15〕 明郭子章《黔记》卷五十九〈诸夷〉,第35册,贵州省图书馆藏复制油印本,1966年,第6页。
〔16〕 明嘉靖《贵州通志》卷三〈风俗〉,第3册,上海图书馆藏影印抄本,第16页。
〔17〕 同〔15〕。
〔18〕 同〔15〕,第2页。

关于这一时期苗族银饰的记载甚多,此处不一一列举。

从文献记载看,苗族银饰是在明代开始大量出现的。原因有四个。其一,明政权建立后,生产关系得到调整,为社会继续发展开辟了道路。苗族聚居较集中的贵州,同其他地区一样,社会经济有了进一步的发展。以明代贵州农业生产为例,"无论在耕地面积的扩大,生产技术的改进,水利的兴修,农作物种类的增加方面,都有了显著的发展"[19]。其二,贵州于明成祖永乐十一年(公元 1413 年)二月建省,不再分隶周边各大政区,结束了过去的分散状态。其三,明代以前,"交易不用银钱"[20],以物易物的商业交换形式在少数民族地区占主导地位。明代以后,银和钱作为通货日渐普及。白银的涌入为加工银质饰物提供了材料,使银饰的流行成为可能。有的地方甚至直接把银钱当作饰物。以钱为饰的习惯至今在部分苗族地区还有保留。贵州省博物馆所藏的剑河苗族服饰用数十枚铜钱沿衣摆垂吊,则正是历史上这种夸富心态在服饰上的反映。由这种夸富心理引发出银饰所产生的财富感、炫耀感,刺激苗族开始改变原饰物质地,弃竹木或其他,代之以银。这种状况自明代开始,愈演愈烈。其四,在漫长的历史发展过程中,由于战争及压迫,苗族自北而南,长期辗转迁徙,直到清末才基本形成今天的分布格局。时至今

图三　清代苗族妇女服饰（载《皇清职贡图》）

〔19〕 周春元等《贵州古代史》,贵州人民出版社,1982年,第 245 页。

〔20〕 清陆次云《峒溪纤志》,《小方壶斋舆地丛钞》,第八帙。

13

图四　20世纪初贵州安顺一带的苗族新娘

日,也仍然有苗族处在迁徙状态中。"老鸦无树桩,苗族无故乡"的苗谚,即是他们居无定所的写照。因此,明代时苗族选择刚进入流通领域不久的白银作为饰物,同银饰的昂贵和方便携带是分不开的。

在清代史籍中,有关苗族银饰的记载明显多于前期(图三)。首先,是银饰种类增多。清龚柴在《苗民考》中记:"富者用网巾束发,贯以银簪四五枝,长如匕,上扁下圆,左耳贯银环如盌大,项围银圈,手带银钏。""妇女服饰银簪、项圈、手镯等皆如男子,惟两耳贯银"。"富者戴大银梳,以银索密绕其髻腰"。其次,银饰逐步普及。不仅不同性别皆有佩戴,而且不拘老少,不问贫富,都以佩戴为荣。"无老少,腕皆约环,环皆银"[21]。实在戴不起手镯的贫者,也竞相仿效,"以红铜为之"[22]。再次,追求银饰数量愈多愈好,在佩戴方式上呈现出堆彻的趋向。"项着银圈,富者多至三四,耳珰叠之及肩"[23]。"项带银圈七八颗,青苗东菜不郎当"[24]。这种追求佩戴数量的心理,不仅仍然影响着当代苗族银饰的佩戴风格,而且还直接影响了银饰的造型和款式。当代流行的数圈甚至数十圈为一套的苗族项圈(俗称排圈),正是这种心理的物化反映。最后,银饰在这一时期开始渗入苗族人的婚恋生活,产生除装饰意义以外的社会功能。"孟春合男女跳月,择平壤为月场,皆更服饰妆,男编竹为芦笙吹之而前,女振铃继于后以为节,并肩舞蹈,回翔宛转,终日不倦"[25]。在这里,银铃无疑已在恋俗中起到道具的作用。"花苗,新婚男戴银包牛角,妇戴鲜花拜堂"[26]。银饰作为标志和凭证,开始进入苗族的婚俗仪式(图四)。

清代是苗族银饰普及和流行的时期。它为今后苗族银饰的迅速发展奠定了重要的物质基础。

苗族银饰出现于明代,流行于清代,至20世纪80年代达到一个高潮(图五、六)。同人类服饰文化一样,苗族服饰也经历了一个由简单到复杂,由朴素实用到趋于华美的过程。明代出现的苗族银饰,正是苗族服饰逐渐把重心移向展现其审美价值进程中,具有标志性的产物。

〔21〕　清方亨咸《苗俗纪闻》,《小方壶斋舆地丛钞》,第八帙。

〔22〕　同〔21〕。

〔23〕　同〔21〕。

〔24〕　任顷所《苗风百咏》,民国二十五年铅印本。

〔25〕　清檀萃《说蛮》,《小方壶斋舆地丛钞》,第八帙。

〔26〕　同〔24〕。

图五　贵州雷山苗年的欢庆场面

## 二　地理分布

苗族是我国较大的少数民族之一,人口数量多,分布范围广。在古代,苗族曾聚居于长江中、下游及黄河流域的部分地区,后来西迁至以长江流域为中心的湘、黔、川、鄂、桂五省毗邻地带聚居,而后又迁居各地,形成今天主要以贵州为中心的分布格局。

苗族分三大方言区。湘西方言区包括湘西土家族苗族自治州、黔东的松桃苗族自治县、湖北的恩施、四川的秀山等,人口约一百三十万;黔东方言区包括黔东南苗族侗族自治州,广西的融水、三江及贵州安顺和黔西南的部分地区,人口约一百六十万;川黔滇方言区包括贵州中部、南部、西部和北部,四川南部,广西北部及云南全省,人口约一百八十万。

图六　贵州台江施洞苗族姑娘

此外，在海南省，亦有苗族聚居。其中以贵州最为集中，有二百七十万余人，约占全国苗族人口数量的一半。

苗族银饰大量出现在黔东方言区境内的清水江流域、都柳江流域、潕阳河流域，湘西方言区境内的沅江流域、澧水流域，川黔滇方言区境内的黔中地区及其他地区也有零星分布，但数量极少。

从苗族银饰的分布状况看，其流行与否受到两个条件的制约。一是受到区域物产经济的制约。以贵州境内为例，凡是在依山傍水、物产丰富的地方，人们便有足够的经济能力去置办银饰。清水江流域苗族姑娘的银饰盛装，通身重达二十余斤，便是一个明显的例证。而较穷困的黔西北地区，则几乎没有银饰。1988 年，贵州省博物馆派出苗族银饰征集小组在这一地区，仅获仅几件老辈子传下来的铜手镯。二是受到银饰加工业的制约。银饰盛行的清水江流域、都柳江流域、潕阳河流域都有加工银饰的专业户，甚至有不少银匠村。银匠加工户的数量依据市场需求自然调节。居住在这些区域的苗族群众随时可以在银匠那里定购、修理或清洗银饰，方便快捷。应该说，银匠专业户及银匠村的存在是苗族银饰传统得以沿袭的保证。有的地区的苗族，同样对银饰存在强烈的需求心理。他们过去佩戴的银饰，主要依靠其他民族的银匠加工，但当银饰业一度不景气，再难恢复后，纵然有足够的经济能力，也无从购买。在这种情况下，云南保山地区的苗族只好自己动手，把分币錾成三角形、半圆形等，缀在衣服上以替代银饰；而广西三江的苗族姑娘，则在节日时将一根白布条缠于手腕，以假物替代的方式来维持已然中断的服饰文化传统，了结他们魂牵梦绕的银饰情结。笔者曾试图把黔东南的苗族银匠介绍给云南保山苗族，但却因路途遥远，终未成行。

# 三　种类及艺术风格

苗族银饰的种类较多，从头到脚，无处不饰。除头饰、

胸颈饰、手饰、衣饰、背饰、腰坠饰外,个别地方还有脚饰。

图七　贵州雷山西江苗族姑娘
图八　贵州台江施洞苗族姑娘

## (一)头饰

头饰包括银角、银扇、银帽、银围帕、银飘头排、银发簪、银插针、银顶花、银网链、银花梳、银耳环、银童帽饰等。

### 1.银角

银角分三种类型,即西江型、施洞型、排调型。西江型银角两角分叉,主纹通常为二龙戏珠形象,龙身、珠体均为凸花,高出底面约1厘米。西江型银角因体积大而颇具特色。其宽约85厘米,高约80厘米,饰件高度超过佩戴者身高的一半,即使在世界上也堪称一绝(图七)。姑娘们佩戴时还要在银角两端插上白鸡羽,鸡羽随风摇曳,使银角显得更为高耸,巍峨壮观中兼有轻盈飘逸之美。西江型银角造型简朴,线条明快,最具古风。施洞型银角又称银扇,因其在分叉的两角间均匀分布四根银片颇类扇骨而得名。银角主纹亦为二龙戏珠,龙、珠皆单独造型制作,用银丝同主体焊连。两角顶端为钱纹,四根银片高出两角。顶端为蝴蝶,蝶口衔瓜米垂穗。银片间立六只凤鸟,展翅欲飞。各型银角中,施洞型

17

图九　贵州黄平苗族姑娘

银角造型最繁缛奢华，制作亦最为精细。佩戴者行走时，银角上龙凤颤动，跃然髻项（图八）。同为银扇形的舟溪苗族银角，两角间有数根扇片不等，无装饰，薄而轻。排调型银角同上述两种银角有所区别。其一，佩戴不是靠插针，而是靠银片紧裹头帕起到固定作用。其二，是银角似角似羽。两角一分为二，远观似角，近观如羽。正中升出一支，顶端则明显为变形银羽。突出三支皆插白鸡羽。造型主题的含混冲突，是根植于造型者宗教观念中万物有灵多元表现意识的物化。经实地考察，排调亦为巫术发达地区，当地敬奉的神祇共148种。

2.银帽

银帽分为三种类型，即重安江型、雷山型、革东型。银帽为苗族盛装头饰，由众多的银花及各种造型的鸟、蝶、动物和银链、银铃组成，给人以满头珠翠、雍容华贵的印象。重安江型银帽为半珠形，全封顶（图九）。分内外两层。内层用缠布铁丝编成适于顶戴的帽圈。外层分三段，上段为帽顶，通冠由成百上千的银花组成，簇簇拥拥，十分繁密。帽顶正中，银扇高耸。银扇四周，有数只凤鸟、蝴蝶、螳螂高仁花簇之上，或翔或踞，形态逼真。中段帽箍为压花银片，上有二龙戏珠纹样，两侧有孩童嬉戏形象。下段沿帽箍垂下一排吊穗，皆以银链相连，银铃叮当。冠后拖三组银羽，共十二根，羽长及腰。重安江型银帽的造型及结构设计充分吸收了古代"步摇"之长。步摇出现于战国时期,文字记载最早见于宋玉的《风赋》。其曰:"主人之女,垂珠步摇。"《释名·释首饰》记:"步摇,上有垂珠,步则摇动也。"步摇具有两个特征,一为垂珠,二为颤枝。重安江型银帽凡银花、银凤、银虫均用簧形银丝与帽体相连,并作颤枝处理。额前流苏低垂,戴帽人举手投足,则银花晃动,流苏轻摇,整个银帽顿时被注入生命活力。雷山型银帽上大下小,无顶,通高约 30 厘米。其特点是注重突出帽围的平面装饰,帽围约 10 厘米高的银片上布满凸纹动物及花卉形象,帽围前叠饰蝶、鸟等单体银片,并以银丝焊连,层次感极强。帽顶为颤枝银花,银光闪烁,花姿绰约。银帽下部为齐眉流苏,密匀整齐。革东型银帽,半封顶,是银围帕和银簪的组合体,较为简单(图一〇)。

图一〇　贵州剑河苗族姑娘

3. 银围帕

银围帕有两种类型,一种是将散件银饰固定在头帕上(图一一),另一种则整体为银制,内衬布垫或直接固定在头上。贵州都匀坝固苗族将五件银帽饰缀在红绿竖条相间的头帕上,正中银饰稍大,缀于额部,其余四件稍小,对称缀于两耳前后,均为镂空银花。该头帕银色闪烁,布彩绚丽,相得益彰,颇有特色。罗甸逢亭苗族在青色包头帕上,横排五个圆锥形银饰,纹样皆为铜鼓纹,并以两根银链相连。每个圆锥形皆垂吊有蝴蝶瓜米穗。雷山苗族把二十个涡纹银帽饰分上下两排对称地钉在 15 厘米高的红布上,排间缀长方形银花片,红白相衬,色彩对比鲜明。整体为银制的以施洞苗族银马围帕最为精致。其分三层,上层为二十九个芒纹圆形银花;中层正中镶嵌圆形镜片,镜片两侧各有十四位骑马将士;下层为垂穗。银马围帕以骑马将士为主纹。兵士们披盔戴甲,队列整齐;骏马蹄踏银铃,威武雄壮。贵州凯里舟溪苗族的银帕中间宽,两端窄,系于额际,颇类古代首饰中的抹额。

图一一　云南金屏苗族姑娘

4. 银发簪

苗族银发簪式样极多,题材以花、鸟、蝶为主。虽然同样是花,但单瓣、复瓣,或束或簇,繁简密疏,造型大不相同。就风格而言，有的发簪纤巧细腻，灵秀生动，有的古拙朴实，浑厚凝重，各具特色。雷山西江苗族银发簪数十朵连枝银花呈扇形展开，绿、黄、红、白四色料珠装饰花蕊。扇心有五只银凤昂首欲鸣。其排列疏密有致。发簪平伸髻后，如雀尾般散开，很是美丽。凯里苗族的银蝶发簪三支为一套，五花银簪插在髻顶，双花银簪分插左右。施洞苗族银凤发簪造型生动，凤头冠雄喙秀，凤颈用银丝编织，质感极强。王司苗族银凤簪的造型则手法夸张。银凤背上满布银花，翅腹密垂灯笼穗、叶片穗。整簪以鸟身为中心，辅饰的银片、垂穗呈辐射状向四周伸展，恰似一团锦绣花簇。苗族银饰所显示出的不同风格及特征，极大程度上同当地服装绣染纹饰紧密相关。如与王司苗族属同一文化地域的丹寨苗族，其蜡染纹饰中也常见鸟背生蔓、蔓头长鱼、鱼口吐枝、枝头绽花的形象，表达了当地苗族笃信生命不灭、循环无穷的观念。

5.银插针

银插针同属银发簪类，但通常造型简单,因此单独列类介绍。

插针的类型很多,有叶形银插针、挖耳银插针、方柱形银插针、钱纹镶珠银插针、几何纹银插针、寿字银插针、六方珠丁银插针等等,数不胜数。

苗族插针的佩戴方式各有不同。龙里苗族银插针为三个银泡,每个银泡上吊三个银铃,插于髻后。施洞苗族龙首插针大小不等,大的用于节日,小的为日常生活中所佩戴。其插法为横向贯穿顶髻,髻右留出一截簪杆斜出髻顶,格外惹眼夺目。黎平苗族宽花插针形若匕首,柄部为双层桃形,中间高,四周薄,上部饰有单层花瓣,造型与众不同。从江苗族的斗笠插针,斗笠造型的簪首独具特色,一式数支,团团围住发髻,虽不能遮风避雨,却艳艳生辉,别有一番情趣(图一二)。贵阳苗族银牛角簪造型如银筷,十支一套。每支根部皆垂有吊穗,佩戴时自左向右插入发髻,横成一排,远观犹如排炮。

图一二 贵州从江苗族姑娘

## 6. 银网链饰

银网链饰属发簪类,都柳江流域较多见(图一三)。典型的有坠鱼五股网链饰,由插针穿环固定,五股银链如网张开,罩在髻后。清水江流域流行的毛虫形银围带也属银网链饰。其为八棱空心圆条,以银丝编织而成,用来装饰脑后发髻。

## 7. 银花梳

银花梳既可梳发、压发,又是装饰品,通常内为木质,外包银皮,仅露梳齿,梳背上银制各类形象以为装饰。其造型有繁有简。雷山西江苗族银花梳梳背满饰花、鸟、龙、鹿等形象,是花梳中的上乘之作。都柳江流域的银花梳,往往在梳背上装饰十数位菩萨形象或尖角状物,并附有长长的银链。戴上花梳后,银链分五层或六层呈梯形自然垂下。而凯里芦山银花梳只是在木梳外包上一层压花银片,制作较为简单。

## 8. 银耳环

银耳环是苗族银饰家族中款式最多的一支,仅贵州省博物馆不完全的收藏,已近百种。耳环分悬吊型、环状型、钩状型、圆轮型四种,以悬吊型、环状型较多。其多样的款式,一是得益于仿生设计的大量运用。苗族耳环造型除了常见的花、鸟、蝶、龙等题材外,其他形象亦多有出现。湘西苗族的茄子形耳环,从对整体造型的把握,到茄柄、茄蒂等细节的处理,都忠于原型,力求逼真。流行于贵州都匀基场的蒜薹耳环,将蒜薹杆设计为环,一笔略过,着力渲染作为坠饰的薹尖部分。整个耳环造型简约,风格独特。松塔形耳环以剥离后的松球为原型,自下而上,层层收敛,韵律感极强。塔尖处成铜鼓纹圆顶,虚实结合,相得益彰。类似的设计还有牛角形耳环、钉螺坠耳环、催米虫耳环、蜻蜓耳环等等,这从一个侧面反映出苗族银匠师承自然、积极进取的创作精神。二是得益于相同题材不同的处理手法。如造型并不复杂的牛角形耳环,即有四棱柱、刻花挖槽四棱柱、刻花扁平形、丝编圆柱形之分。题材相同的坠朵花耳环,不同造型的更是不下数十种。另外,苗族银匠还善于从生产、生活中捕捉灵感。都柳江流域水

图一三　贵州榕江苗族姑娘银网链饰

21

源充足,池塘、稻田养鱼十分普及,流行黎平迫东一带的坠鱼罩箩耳环便是当地捕捞方式在银饰上的反映。罩箩当地叫闯箩,无底,捕鱼时先将鱼罩在箩内,然后抓获。坠鱼罩箩耳环上段为箩,以银丝编就,沿箩口为鱼坠,鱼头朝箩,仿佛成群结队的鱼儿游进罩箩,寓意丰收。按照文化生态学的观点,文化形态首先是人类适应生态环境的结果,作为银饰,也离不开其独特的地域性,并直接受到它的影响。苗族耳环的款式如此丰富多样,更重要的一个原因是苗族分支众多。同一分支内,往往男女耳环不同,婚前婚后有异,而且与其他大件银饰相比,耳环较少受到经济因素的限制,因此,在所有苗族银饰中以耳环分布最广,款式最多。

9.银童帽饰

由于苗族视银为避邪之物,生活在清水江流域的苗族有给儿童饰银的习俗。银饰通常钉在童帽上(图一四)。传统的童帽饰造型多见狮、鱼、蝶等形象,还有受汉族文化影响的"福禄寿喜"、"长命富贵"等字样及"六宝"等,构思巧妙,造型别致。贵州施洞有一种专为婴儿特制的银菩萨帽饰,一套九枚,件小,片薄,份量轻,适于不堪重负的婴幼儿佩戴。

苗族银头饰还包括银护头花、银顶花、银飘头排等。

苗族银质头饰的魅力在于其特殊的组合、特殊的佩戴方

图一四　贵州从江苗族儿童

图一五　贵州贞丰苗族妇女
图一六　贵州台江苗族姑娘

式以及同头帕相得益彰的搭配。这种组合方式非常传统，银
簪的位置、银梳的方向、银帕的围法以及所有散件的佩戴，都
有严格的规定，不能随心所欲。往往是由母亲亲手为尚不精
通的女儿逐一插戴。头饰的偏重位置亦因地而异，或髻顶，
或额前，或髻侧，或脑后。有些地方并不把头饰直接插于髻
顶发间，而是以"青布蒙髻"，把饰件固定在头布上，展现
出独特的装饰风格（图一五）。

### （二）胸颈饰

胸颈饰包括银项圈、银压领、银胸牌、银胸吊饰等。

#### 1.银项圈

苗族很重视对胸颈部位的装饰，由此银项圈成为银饰中
制作考究的一支。其可分为链型和圈型两种。链型以链环相
连，可活动变化；圈型则用银片或银条制成圈形，定型后不
可活动。少数亦有链圈合一的。此外，在贵州都柳江流域还
流行一种银排圈，即套圈，每套少则几个，多则十几个，由
内及外，圈径递次增大。属于链型的有8字环形项链、金瓜
项链、串珠型项链、四方形项链、响铃项链等。属于圈型的

有扭索项圈、绞丝项圈（图一六）、串戒指项圈、百叶项圈、錾花项圈、藤形项圈、银龙项圈、方柱扭索项圈。链圈合一的有百家保锁带链项圈。串戒指项圈很奇特，是以錾花银片为内圈，用十四枚戒指串成的。为避免戒指重叠，以银丝将戒指等距固定，戒面以蝶及瓜米为垂穗。绞丝项圈呈绞花状，系用两根银条互相穿合，连续编圈制成，两端用细银丝扭索缠成圆柱形。其造型华丽。银龙项圈为双层，以银片拼合，里层扁平，表层呈半圆弧状。其上为凸纹二龙戏珠图，项圈下缘垂十一串银吊，吊分四级，为蝶、莲台菩萨、银铃、叶片等形象。其造型丰满，工艺复杂，是苗族银项圈中的精品。藤形项圈制作工艺较简单，但古枝虬藤的造型却令人感受到山野清新的气息。

2. 银压领

银压领是流行于湘西和贵州清水江流域苗族地区的胸饰，因佩戴后可平贴衣襟而得名。银压领系从长命锁演变而来。长命锁的前身为"长命缕"，始于汉代，是人们为避不祥，端午节时悬挂于门楣的五色丝线。至明代，演变成儿童专用颈饰，后逐渐发展成长命锁。长命锁在黔中和清水江流域的部分苗族地区，还保持原始的长方形，锁上錾有"长命富贵"等字样，往往同项圈连体或配套使用。银压领脱离原型较远，为半圆形或腰子形，体积增大数倍，纹样丰富，制作工艺复杂。湘西苗族的银压领为腰子形，表面镂空二龙戏珠的纹样，并垂十只蝴蝶，每蝶垂三根银链叶片吊。长16厘米的银吊如瀑布倾泻，掩及肚腹。雷公山脚的银压领更是兼用圆雕、浮雕及透雕技术，造型繁缛，工艺精美。压领主纹为两只圆雕银麒麟，可活动的镂空银球居中，其上银龙腾跃，其下银花簇簇。

3. 银胸牌

银胸牌系部分苗族地区流行的胸饰，通常为单层长方形或半圆形錾花银片制成，形状规整，佩戴位置较银压领、银锁靠上。同银压领一样，银胸牌也是由长命锁演变而来，因此，这三种银饰在同一苗族分支内一般只使用其中一种，而不会两种以上并存。有的银胸牌为单片，体形小。也有的银胸牌

较大,且两三片拼连,几乎遮住佩戴者的整个胸腹,装饰效果
十分夸张(图一七)。

4.银胸吊饰

常见的银胸吊饰有蝶形吊、鸟形吊、鱼形吊、钱纹吊、骑马
人物吊等等,通常由银链、吊牌、坠饰组成,多级,一级一形,递
次而下,多者可达四至五级。流行于都柳江流域的蝶形吊体
形最大,分五级,总长在85厘米以上。该地的鸟形吊造型原
始粗犷、朴拙可爱,堪称一绝。大部分地区的胸吊饰以精美取
胜,玲珑剔透。其多以"五兵"为坠。以兵器为饰的"五兵佩",
流行于汉代,是当时的避邪之物。苗族银胸吊饰中常见的兵
器有刀、枪、盾、弩、棍,以及苗乡不见使用的剑、戟、铜、矛、铲
等。苗族银饰一方面保留了"五兵佩"的形制,另一方面又对

25

其进行改造，加入牙签、挖耳勺、大铲、镊子等坠饰，所以，"五兵佩"在苗乡被称为"牙签吊"。其他银饰，如压领、腰吊饰也多有以五兵为坠的。

**(三)手饰**

手饰包括银手镯、银戒指。

1. 银手镯

手镯亦称手圈，是苗族银饰的一个重要组成部分。其造型不一，形式多样。多数苗族分支的手镯款式统一，妇孺老少皆然。苗族手镯有空心筒状型、绞丝型、编丝型、浮雕型、镂空型、錾花型、焊花型等等。不同类型及风格的手镯反映出苗族不同分支的审美差异。风格粗犷的手镯光面无纹，硕大沉重；风格细腻的手镯用极细的银丝编织或焊成空花，工艺精致。浮雕型手镯以连续花枝纹或龙纹居多。龙纹手镯双龙盘旋，龙眼凸出，生动夸张。焊花型手镯以网状银丝为面，以梅花或乳钉为纹，极富民族色彩。雷山独南苗族的乳钉纹筒状手镯造型最为特殊。其镯面颇宽，类似同古代盔甲配套的护腕。

苗族手镯的佩戴方式也极具特色。贵州施洞苗族饰镯不以一对为限，实际佩戴多达四五对。从江苗族则以五对为套镯，排列于腕肘之间(图一八)。 唐代盛行用金银条盘制的状

图一八　贵州从江苗族妇女银套镯

如弹簧的"臂钏",又叫"跳脱",系从北方传来的少数民族妇女饰物。

2.银戒指

苗族戒指的戒面较宽,几乎遮住整个指根表面。戒面为浮雕花鸟或镂空花朵及绞藤等。对于佩戴位置没有明确规定。贵阳附近的苗族戴戒指,须戴八枚,拇指之外,每指一枚。同其他银饰相比,传统的银戒指样式最少,流行面最窄。

(四)衣饰

衣饰包括银衣片、银围腰链、银扣等。

1.银衣片

贵州清水江流域的苗族盛行穿着银衣,银衣片是银衣的主要饰物(图一九)。银衣片分主片和配片。主片压花,纹饰精美,用来装饰衣摆、衣背等主要部位。配片稍小而简单,用来装饰衣袖、衣襟、衣摆边等处,或者缝饰在主片排列的间隙中,起渲染及衬托作用。施洞苗族银衣片主片有44件,分正方形、长方形、圆形三种,表面浮雕狮、虎、麒麟、凤凰、锦鸡、龙、仙鹤、蝴蝶、花卉、罗汉、仙童等形象,三排为一组,上圆中长方下正方。帽式银衣泡595个,同主片配套,为辅饰。蝴蝶铃铛吊60件,用于衣摆、袖口等部位,形成银衣声源。西江苗族银衣主片24件,皆有垂吊。其中衣摆片11件,装饰腰腹部位;衣背片13片,分五排布局,上下两排各两片,中间三层各为三片。中心片最大,内圈为雀鸟花枝图,第二圈为乳钉纹,第三圈为连续花草纹。配片为5件蝙蝠纹三角形银衣片,专为装饰衣摆角而特制。蝙蝠形银铃吊11件,装饰在腰带上。银衣片用法在同一地区基本相似,件数因家境不同可多可少,纹饰则各有不同,题材多样,保守估计也有数百种之多。

2.银围腰链

多数苗族地区盛行以围腰作为主要衣饰,其中部分地区俗以银链为围腰带。银围腰链多以梅花为链环造型,有单层、双层两种,两端同围腰的连接部为蝶、钱、球等形象的银饰。

3.银扣

银扣主要流行于都柳江流域的苗族地区,男女皆用,分为

图一九　贵州凯里苗族妇女银衣饰

图二〇　贵州凯里苗族姑娘

图二一　贵州贵阳花溪苗族姑娘

带链银扣及银扣两种。带链银扣用于右大襟衣的前胸处，装饰性较强；银扣则多用于对襟衣，扣形花样较多，有梅花扣、金瓜扣、铃铛扣、双球扣等，亦有以铜扣、锡扣代替者。

**（五）背饰**

背饰包括银背吊、银背牌等。

1. 银背吊

银背吊分为实用性及装饰性两种。实用性银背吊又称背扣，流行于贵州都柳江下游的苗侗地区。当地姑娘喜穿胸围兜，银背吊连接胸围兜带，悬于背部，既可调节兼作领口的胸围口的高度，又可作为装饰品。这种银背吊或用筷子粗细的银条盘成螺旋纹，或为方形，重者可达三百余克(图二〇)。装饰性的银背吊流行面较广，尤以黔中一带苗族为多，常见的有蝶形吊和葫芦吊，大多用来装饰妇女背小孩的背扇(图二一)。

2. 银背牌

装饰风格和效果颇类银衣。不过，银背牌是将组合银片

28

缝在特制的长方形背布上,而非直接钉于衣背,穿卸比银衣更
为方便,却缺少了几分银衣的雍容华贵。

（六）腰坠饰

腰坠饰包括银腰带、银腰吊饰等。

1.银腰带

银腰带主要流行于贵州黄平苗族地区,当地叫银菩萨腰
带,即把数十或上百个银菩萨分两排或三排缝缀在布腰带上。
贵州省博物馆藏银腰带一件,其上105个银菩萨造型独特,姿
态各异,显示出苗族银匠高超的想像力和非凡的创造力(图二
二)。

2.银腰吊饰

银腰吊饰佩于腰部两侧,以右侧居多。由于佩戴位置不
同, 腰吊饰比胸吊饰要小, 但是却更精致, 造型亦更加丰富

图二二　贵州黄平苗族妇女

图二三　贵州榕江苗族妇女银腰吊饰

(图二三)。

**(七)脚饰**

贵州黎平个别苗族地区有戴脚镯的习俗,脚镯为扭丝状,儿童佩戴用来避邪。

以上仅对苗族银饰作了大致的介绍,不同的苗族分支银饰的样式又各有不同。苗族历史悠久,族源可上溯到黄帝时期。在漫长的历史过程中,苗族自北而南,辗转迁徙,形成众多分支,在清代即有"百苗"之称。苗族摄影师吴仕忠先生二十年来足迹遍历苗疆,拍摄到的各类苗族服饰多达一百七十余种。这一数字还不包括同一分支苗族的男装、妇装、童装、盛装、便装等。苗族俗以服饰作为分支依据,以不同服饰不开亲作为氏族内婚制的范围界定。服饰不同,银饰也有差异。即使是同一分支内,银饰的款式亦有不同,纹样更是千差万别。

费孝通在论述中华民族的多元一体格局时说:"它的主流是由许许多多分散存在的民族单位,经过接触、混杂、联结和融合,同时也有分裂和消灭,形成一个你来我去、我去你来,而又各具个性的多元一体。"[27]银饰作为一种文化现象在历史上曾被许多民族青睐,成为多元文化交流的载体之一。在这一载体中,融合有来自南方少数民族的耳珰,起源于北方少数民族的"跳脱",以及从古代饰物中沿袭而来的"步摇"、"五兵佩"和中国传统的龙、凤、麒麟纹样等等。进入苗族社会的银饰决不单纯表现为某个民族专有的艺术形态,而是一个不折不扣的混合体。

应该看到,在明代以后的数百年里,苗族银饰经历了一个为服从民族审美定势需要,而演绎、组合、变异的民族化过程。其一,所有的银饰原有品种在苗族审美标准的取舍下,有的根本未被接纳,有的引入后即被淘汰,有的屡经改造而面目全非,当然,也有的基本上保留了原有特征。其实,任何民族文化的发展,实际上就是一个不断加深认识和理解的过程。其二,苗族银饰的民族化过程同时又是一个创新的过程。毋庸置疑,人类的需要是艺术创作的第一源泉,群体的

[27]　费孝通《中华民族的多元一体的格局》,原载《北京大学学报》1989 年第 4 期。

30

审美观念是艺术创造的规范。苗族银饰的创新正是遵循这一逻辑而发生、发展的。由于对银饰的需求，苗族对服装的审美意识逐渐同实用意识分离开来，由物质需要的依存关系衍化成审美的主客体关系。由于群体审美观念的规范，在艺术创新的过程中，苗族银饰逐渐形成了自己鲜明的民族个性。

影响和规定苗族银饰造型的审美观点很多，那么，其中最根本的是什么呢？苗族从古至今都有"以钱为饰"的习俗，史料也显示，"钱"饰与银饰是同时步入苗族服饰领域的。这种通过"以钱为饰"所流露出来的夸富心态，对于苗族银饰的审美价值取向起着至关重要的作用，形成了苗族银饰最基本的三大艺术特征，即以大为美，以重为美，以多为美。

苗族银饰以大为美的艺术特征是不言而喻的，苗族大银角几乎为佩戴者身高的一半便是令人信服的例证。堆大为山，呈现出巍峨之美；水大为海，呈现出浩渺之美。苗族银饰以大为美的独特见识，用美学的观点来看是很有道理的。再看以重为美，贵州施洞苗族妇女自幼穿耳后，即用渐次加粗的圆棍扩大穿孔，以确保能戴上流行当地的圆轮形耳环，利用耳环的重量拉长耳垂。有些妇女因耳环过重，耳垂被拉豁。当地耳环单只最重达 200 克。黎平苗族妇女的錾花银排圈讲究愈重愈好，重者逾八斤(图二四)。苗族银饰上呈现出的"多"的艺术特征，也是十分惊人的。很多苗族地区佩戴银饰讲究以多为美的。耳环挂三四只，叠至垂肩；项圈戴三四件，没颈掩额；胸饰、腰饰倾其所有，悉数佩戴。特别是清水江流域的银衣，组合部件即有数百之多，重叠繁复，呈现出一种繁缛之美。这种炫耀意识的物化在其他民族也不难见到。傣族男子的纹身习俗讲究纹身部位愈宽、图案愈复杂愈美；求偶期的哈尼族少女浑身上下戴着密密的珠饰、贝饰；青海牧区藏族妇女的"加龙"背饰充分体现了追求大和多的审美原则；德昂族的腰箍多达三四十圈，可谓追求饰品数量的典型。足见追求繁缛的以多为美，不止苗族一家。值得一提的是，从贵州省博物馆所藏不同时期的银饰比较情况看，苗

图二四　贵州黎平苗族姑娘

31

族银饰追求大、重、多的脚步始终没有停止。特别是在 20 世纪 80 年代以后，苗族银饰的发展速度更为空前。这从一个侧面反映出苗族群众生活水平的不断提高。

# 四　社会功能及文化内涵

步入苗族社会的银饰，一开始便一方面在艺术上受到苗族审美流向的洗礼，另一方面无条件履行无字文明载体的职责，满足各种民俗功能的依附要求。从明代开始，苗族银饰便已具有区别婚否的功能。

其实，我们迄今所能见到的所有神话意识、图腾崇拜意识、宗教巫术意识及情感意识中的求偶心理和祈求心理在苗族银饰上的物化，原来就早已存在于服饰或者其他的文化载体上，只是通过物化的转移和扩展，在苗族银饰上得到了进一步的强调。如银角迄今同它的前身木角梳并存于苗族地区，传递着同样的文化信息。又如银花梳，不过是在木梳之外包上一层薄薄的银片，并附加一些装饰。再如流行于黎平龙额苗族地区的银羽，历史上当地"苗童未娶者，曰罗汉，苗女未嫁者，曰观音，皆髻插鸡翎，于二月群聚歌舞，自相择配"[28]。现在那里再也看不到鸡翎，统统由银羽代之，而作为未婚标志的功能则完全沿袭下来。

愈是没有文字的少数民族，由于文化表现形式相对受到限制，其服饰作为民族文化心理的对应性就愈强，所要传递的文化信息就愈多。其包含了人类精神文化的许多内容，涉及传统文化的大部分领域。

图腾崇拜是人类童年的一种文化现象，一旦形成，便会长久埋藏在人类的深层意识中，通过物化的方式释放出来。摩尔根在《古代社会》中写到："在许多氏族中和摩其人中一样流行着一种传说，根据这样传说，他们的第一个祖先是转化成男人和女人的动物或无生物，他们就成为氏族的象征(图腾)。"创生人类，是图腾的功绩和特征之一。依据这样的理解，我们不难从苗族银饰保留的文化内涵中找出图腾的遗

[28]　同[20]。

迹。澳大利亚土著民族的图腾分为各种级别,即氏族的、胞族的、婚级的、两性的、个人的。从现象上看,分支众多的苗族,图腾也绝不止一种。

蝴蝶是苗族关于人类创生传说中的主角之一。远古时候,蝴蝶在枫树心里产下了十二枚卵,分别孵化出狮、牛、蜈蚣等等动物以及人类的祖先姜央,从那以后才有了苗族。在清水江流域,当地苗族称蝴蝶为"妹榜留",苗语中"妹"为妈妈,"榜留"为蝴蝶,合为"蝴蝶妈妈"之意。因此,在各地的苗族银饰中,出现了大量蝴蝶造型,如银蝶簪、银蝶吊、银蝶衣片等。在苗族服饰中,还有一种长着人脸的蝴蝶形象,即是用神化的手法表达崇拜心理。丹寨八寨苗族妇女用青布蒙髻,青布之外的后髻处只插一枚蝶簪,黑白对比强烈,充分表达出她们对蝴蝶妈妈的虔诚。

古代殷商崇拜玄鸟。《诗经》曰:"天命玄鸟,降而生商。"玄鸟作为凤凰的原生形态,是今天仍然保留在中华民族文化中的图腾遗迹。迄今世界上许多民族仍把鸟视为女性的代表,生育的象征,隐含着一种明显的图腾意识。在苗族的崇拜偶像里,也有一个密布天空的飞鸟世界。在黔东南苗族地区,至少有三个苗族分支是直接以鸟命名的。其一曰"嘎僙",即鸟的宗族;其二曰"寨柳",即鸟嗓的宗族。当地称燕子为"爸柳",所以有人认为是燕子的宗族;其三曰"代良",即山岔鸟或青鸟的宗族。该鸟红嘴赤脚,毛色波青,颈短尾长,如鸽大小。在当地,燕子、山岔鸟及青鸟皆被视为精灵鸟,禁杀禁食,死则厚葬[29]。台江苗族更是把这种崇拜意识铸进银饰。反排一带流行的银飘头排,为鸟羽造型,戴于额前。传说其祖先迁徙该地,初见雉鸟,惊其美丽,视为神鸟,遂定居并立下不准伤害雉鸟的祖训,后人因而仿雉羽为饰。施洞一带流行的银凤簪,簪上凤鸟的原生形态是脊宇鸟,它所表现的深层次的文化含义,与蝴蝶妈妈出自同一个传说,即《苗族古歌·十二个蛋》。蝴蝶妈妈产蛋后,由脊宇鸟完成孵化,脊宇鸟因此作为创生人类的参与者而被奉为神鸟。值得注意的是,在同一个传说里,枫树、蝶、鸟共同创生了人类,而且

[29] 王秀盈《新论苗族的鸟图腾》,原载《苗侗论坛》1996年第3、4期。

在今天的现实社会中皆被以不同的形式敬奉。其所呈现出的多元性,对于研究图腾是极为难得的个例。鸟族中的老鹰被视为挽救人类的神鸟。织金龙场乡苗族传说称洪水滔天后,人类仅有兄妹二人侥幸存活,但他们赖以逃生的木盆在水退时不幸搁浅陡岩,幸亏老鹰将他们叼离险地。至今,该地的婚俗中还保留有"老鹰讨肉"的固定仪式,即由两妇女扮成老鹰,来接受人类对其救命之恩的感激和酬谢。在特定场合中,苗族银饰中的鸟纹羽形也是男性的头部饰物。施洞"龙船节"时,船上划手所戴的斗笠后沿都要插上两根银羽,无疑也是鸟崇拜观念的物化。

在贵州剑河苗族心目中,蜻蜓的形象非同寻常。姑且不去探究蜻蜓是否可被列入图腾范畴,至少人们对它怀着极其虔诚的崇拜意识。传说当地曾遭毒蚊肆虐,村废人稀,人类面临灭顶之灾。一位名叫"榜香"的妇女,时年八百岁,毅然化身蜻蜓,吃光毒蚊,保住了一方生灵,人类因此繁衍至今。如今在剑河,"榜香由"的名字会在每一次聚会中被提起,以蜻蜓为造型的银耳环悬吊在每一个女性的耳垂上。苗语"榜香"为人名,"由"即蜻蜓。"榜香由"即是戴在苗族妇女耳朵上的女神。

中华民族的先民们普遍崇拜龙图腾。闻一多先生言:"假如我们承认中国古代有过图腾主义的社会形式,当时图腾民族必然很多,多到不计其数。""现在所谓龙便是因原始的龙(一种蛇)兼撩了许多旁的图腾,而形成的一种综合式的虚构的生物"。"古代几个主要的华夏和夷狄民族差不多都是龙图腾的民族"。苗族龙在现实民俗中主要是以保护神的身份出现,几乎每一个人都认为有一条龙庇佑着自己的村寨,并且对此深信不疑。苗族节日中的"拉龙进寨"、"祭桥"、"龙船节"等等,都是对龙的祭祀,对五谷丰登的希冀。相对而言,出现在苗族服饰上的蛇身人首龙,具有明显的图腾含义。按照当地的解释,这种龙分雌雄,赤面为雄,白脸为雌。其肚腹处被挖空一块作为透视点,内有两个小人。湘西一带的苗族古歌为这种龙纹作了很好的诠释。远古时代,"大地上啊,开始出现龙身人首的鸟基,才有了人首龙身的代基,后来才生保造啊,后来才生闷造冷……几个代雄苗人繁衍了十二个宗友,几个代雄生息了一百四十八个姓"。这清楚地告诉我们,蛇身人首龙是创生人类的始祖。苗族服饰上的龙纹极多,有牛龙、鱼龙、鸟龙、羊龙、蜈蚣龙、蚕龙、马龙等等,但它们只是原始宗教万物有灵观的反映,而不是图腾意识的物化。

在所有动物中,龙是苗族银饰中最常见的形象,造型多为飞腾状,构图多为二龙戏珠。其造型和构图,同主流社会的"汉龙"有着明显的承继关系,或系抄袭而来。

苗族信奉原始宗教,崇拜多神,信鬼好巫。其先民对自然界和社会的理解及认识,大多数以崇拜祭祀、巫术或宗教观念的形式,沿袭至今。在漫长的历史进程中,宗教巫术意识必须要渗透进文化艺术的各个方面,并从中以各种形式反映出来。

由"万物有灵观"产生的崇拜行为及"生成维护"的施巫驱邪,共同构筑出苗族社会生活的宗教氛围[30]。崇拜及施巫,两者在银饰上的反映都很充分。特别是后者,它所造成的特殊的审美意识直接影响到苗族银饰的造型。

苗族崇拜多神,凡奇山怪石,古树虬藤,皆被奉为神祇偶像。其中以祖先神为最大。苗族生活中充满各种形式的祭祖活动,他们每饭要捏食祭祖,逢年过节要祭祖,娶亲合卺要祭祖,播种五谷要祭祖,捕获猎物要祭祖,生病逢灾要祭祖,调解纠纷要祭祖。苗族祭祀之祖分为远祖、近祖。远祖往往经过传说的渲染和神化,被视为至高无上的神祇。而由此产生的崇拜意识又往往反映为服饰上的物化。苗族银角正是这种崇拜意识物化的典型。角冠饰在苗族地区极为常见,有银角冠、木角冠、布角冠等等。角冠饰的原始内涵在多数苗族地区已无从考察,但黔西北大花苗用细竹篾片编成的雉形角帽,还保留有"蚩尤冠"的名称。其服饰配有的吊白、吊须、军旗等吊旗,统称"蚩尤旗"[31]。黔西北大花苗的这些服饰名称,使我们对苗族大银角源出"蚩尤之角"的认识,不再是

〔30〕 游建西《近代贵州苗族社会的文化变迁》,贵州人民出版社,1997 年,第 61页。

〔31〕 《黔西北苗族与蚩尤》,原载《苗侗文坛》1996 年 3、4期。

推断和猜测。有人把它归为牛图腾崇拜的物化,则是值得商榷的。苗族银角只有节日或娶亲合卺等重大场合合才穿戴使用,这也从另一个侧面证实了它的神圣意义。

万物有灵意识的物化,主要是体现在苗族服饰绣绘中。黔东南苗族服饰上有数十种龙纹,常见的有牛龙、狮龙、象龙、马龙、羊龙、鸟龙、蛇龙、蚕龙、猪龙、穿山甲龙、蚯蚓龙、蜈蚣龙、鱼龙、泥鳅龙、螃蟹龙、树龙、花龙等等。施洞苗族对绣绘对象进行龙化主要通过两条途径,一是给它们加上象征龙的花尾巴,二是给它们画上一张或数张人脸,用异化或拟人化的手法来最终实现龙化。

较之有灵观,苗族巫术的特点是功利和实用。正是由于巫术意识的规定和需要,一些苗族银饰才出现了不可思议的怪异造型。苗族相信一切锋利之物皆有驱邪功能。云雾山一带苗族奔丧返家,必于房基左侧置放锋利的铧口、耙齿,多刺的荆棘及碎磨石等物,认为只有经其驱邪逐晦后,方可进门无虞。摆具苗族流行的二十四锥银头帕,正是巫术生活中的驱邪物经过变异整形后在服饰领域里的反映(图二五)。值得指出的是,为了服从巫术意识的需要,该银帕在造型上几乎无艺术构思及纹样设计可言,与其称之为饰品,还不如说是一件不折不扣的驱邪物。也正是由于重巫术轻艺术的初衷,该银帕绝无雷同的造型,又恰恰形成其独特的魅力。

银饰的驱邪功能十分广泛。贵州台江苗族有一种特制的手镯,为银、铜、铁三种金属丝扭制而成。当地苗族认为铜可驱魔,铁可逐邪,银可祛病消灾。大方苗族于途中饮水,必先取手镯浸入水井或山泉而后饮。黄平、台江、丹寨等地苗族银饰上出现的菩萨纹饰,同样都具有庇佑和驱邪的功能。丹寨苗族妇女的银围腰链更是被视为保命符。这种银围腰链必须由舅舅请人打制,一经戴上,便永不离身。今后或有离异、改嫁,唯此物必须随身带走。银饰的驱邪功能还延伸到另一个世界。丹寨苗族妇女的随葬品中,必须有特制的小号银角、银碗。台江苗族去世,按风俗要在墓穴中洒一点银屑或用银窝陪葬。

**图二五　贵州从江苗族姑娘**

图二六 贵州都匀苗族妇女（左侧为未婚，右侧为已婚）

　　苗族地区除个别村寨设有"商大"（土地菩萨）外，没有专门的宗教设施，家中也极少有敬设神龛的，多数的宗教场合是非经常或非固定的。服饰等所具有的宗教巫术的功能，在一定意义上是对宗教设施缺乏的一种弥补，使人们能经常地、下意识地发生宗教巫术行为，从心理上感受到由此所产生的平衡和慰籍[32]。

　　符号学家认为，我们生活在一个符号世界，"全部人类行为由符号的使用所组成，或依赖于符号的作用"[33]。苗族银饰也是一个自成系统的符号世界，对外是民族象征的符号，对内是分支区别的符号，对个人是年龄和性别的符号，而最清晰的符号显示则莫过于对婚否的识别。

　　从明代起，苗族银饰即在局部地区具备了识别婚否的功能，如今，这种功能已十分普及（图二六、二七）。在大多数情况下，银饰主要是用来装饰未婚女性的。在贵州清水江及都柳江流域，银饰盛装对主人具有三种含义。其一，表示穿戴者已进入青春期。按习俗规定，未及笄的女孩不能穿戴银饰盛装，亦不能使用成年女性的银饰。进入芦笙场，有着行笄礼的意义。其二，表示穿戴者尚未婚配。苗族女性一旦婚嫁生育后，即要按规定改装。其三，表示穿戴者欲求偶。多数地区的芦笙场，环佩叮当的银饰盛装代表一张通行的入场券，是向围

〔32〕 拙文《苗族服饰经久不变的内外因》，原载《服装科技》1992年创刊号。
〔33〕 （美）怀德《文化科学》，浙江人民出版社，1988年，第21页。

观的后生展示自己的资格证书，否则，再俊俏的姑娘也只能做一名旁观者。

　　许多单件的银饰都是未婚女性的专用饰物，已婚妇女即使拥有也不能使用，如贵州黎平苗族的银羽发簪，反排苗族的银飘头排，黄平苗族的银围腰链，雷山苗族的银角、银花发簪，施洞苗族的银扇、银衣等等，举不胜数。

　　剑河苗族流行的女性锁式耳环，是一个典型的例证。耳环需由母亲在女儿进入青春之日亲手给她戴上，直到女儿出嫁时才亲手取下，换上坠蝶式耳环。当地至今仍流传着关于锁式耳环的故事。传说一个名叫娘阿瑟的姑娘，聪明美貌，机勇过人。有一次，她独力斩杀蟒精，险些反被其噬，幸得太阳神之子相助，将蟒精杀死，才为当地除掉祸害，两人也因此坠入爱河。临分手时，太阳神之子送给娘阿瑟一对锁式耳环，希望娘阿瑟对爱情忠贞。娘阿瑟则回赠一吊锁项圈，表示不准心上人移情别恋。《释名》曰："穿耳施珠曰珰（耳环），此本出于蛮夷所为也。蛮夷妇女轻淫好走，故以此琅珰垂之。今中国人效之耳。"在此，传说同史籍记载互为印证，耳环的最初创意是为了警示妇女要忠实于爱情。至今，耳环的原始寓意淡化几无，但在剑河苗族的服饰习俗中，却还是婚否的一种标志。

银饰在某些地区还是苗族男性的婚否标志。贵州黎平苗族男性喜戴项圈，未婚时戴三件，婚后戴一件。进入 20 世纪 80 年代后，佩戴的圈数有所增加，未婚为五件以上，婚后为三件。

　　银饰同时也是婚姻的符号，多数地区婚否标志主要为佩戴银饰数量的多少。苗族已婚妇女通常在脱去一身银装后，只保留发簪、耳环、手镯等少数几种银饰。但在不少地方，按习俗规定已婚者有自己的专用银饰，未婚者不得佩戴。贵州雷山桃江妇女的已婚标志为一把宽大的银花梳，从江笔和妇女是一支钺形发簪，都匀坝固妇女为插在髻顶的带链银簪，丹寨八寨妇女则为一支精美的蝶簪。银饰虽不多，但插在蒙髻青布上分外惹眼。惠水摆金妇女的银簪，只有在她们参加葬仪时才佩戴。已婚妇女的专用银饰除了符号意义，更有其实用性，适应她们婚后改变的发髻的需要。

　　在某些苗族地区的恋俗中，银饰作为规定的示情物或定情物出现。织金苗族姑娘节日求偶时的暗示标志是一袭彩绣背扇，其上必缀一排银铃吊。姑娘身后的背扇一则展示她心灵手巧，二则暗示她具有生育能力，银饰则表现她家的富有。都匀坝固苗族青年互赠规定的银饰作为定情物，所有后生送给姑娘的定情物都是一只银八宝鞋，而所有的姑娘毫无例外地都回赠一个银烟盒。

　　作为一种包容性很大的载体，银饰还经常通过纹样的寓意表达出某种祈愿。笔者曾在施洞征集到一枚鼠簪。老鼠向来为人类所厌恶，该簪却以踞伏在花丛中的老鼠为饰。经询问获知，这是出自家有余粮才有老鼠的构思。苗族许多地方的耳环都以催米虫为造型，其构思亦同出一辙。在银衣片上经常出现的鱼纹、葫芦纹，则寓意多籽(子)，表达出对生育的企盼。

　　云南文山苗族流行一种人蕉纹银胸吊饰，形状、大小都同长命锁相似。不同的是，长命锁表达了一种祈愿，而它却记录了一段传说。相传此支的苗族祖先初到该地，不知是否应该留下来，正值犹豫之时，适见一株芭蕉苗破土而出，转瞬间长成大树,结满果实。惊奇万状的人们感到这是神的指示,遂决定定居于此。根据这一传说,不难推断出该分支的苗族先民曾依靠芭蕉果腹,度过了一次性命攸关的饥荒。于是,心存感念的人们便将芭蕉树的形象永久地铸进了他们所佩戴的银饰之中。人蕉纹银胸吊饰体现出苗族银饰的又一种功能作用。

由此,苗族银饰在我们的概念中不再是单纯的艺术品,它根植于苗族文化的深土,置身于图腾、宗教巫术、历史、民俗生活的包围,社会功能和文化内涵得到了极大的扩展。作为民族的外部标志,它起到维系内部的作用;作为崇拜物,它把同一祖先的子孙紧紧地凝聚在一起;作为巫术器具,它从心理上给人们提供生活的安全感;作为婚否标志,它给人们的婚恋生活带来良好的秩序;作为愿望的表达,它为人们张开了憧憬之双翼。意识的物化决定了苗族银饰作为传统文化的保守属性,使得它不会因时间的推移而被淘汰,也不会因现代文明的冲击而黯然。

# 五　银匠及银匠村

由于对银饰的大量需求,苗族银匠业极为兴旺发达。仅黔东南境内,以家庭为作坊的银匠户便成百上千,从事过银饰加工的人更是多达数千。家庭作坊多数为师徒传袭的父子组合,也有夫唱妇随的夫妻组合。这些作坊常是农忙封炉,农闲操锤,皆不脱离农事活动。

黔东南境内的苗族银匠可分为定点型和游走型两类。多数为定点型,他们在家承接加工银饰,服务于相对封闭而形成区域格局的一寨或数寨,客户毫无例外来自本支系,所以,也可称之为支系内部的银匠。定点型银匠的分布和数量,依据区域环境及市场需求自然调节,以施洞、排羊、西江、湾水、王家牌等地较为典型。游走型银匠同样以家庭为作坊,农闲季节则挑担外出,招揽生意。通常每人都有自己的专门路线。他们并不局限只为本支系或本民族加工,对沿途数百里其他

图二八　贵州雷山大沟乡控拜村
远景

分支或民族的银饰款式都了然在胸,加工起来亦轻车熟路,得心应手,所以也可称之为地域性银匠。据调查,黔东南银匠游走足迹遍历全省,并延及广西北部及湖南西部。

黔东南境内不仅苗族银匠多,而且出现了以雷山大沟乡的控拜(图二八)、麻料、马高为代表的一批"银匠村"。银匠村中数百户人家,80%以上以银饰加工为副业。农闲时节,村寨之中叮当之声不绝于耳,炭火炉烟荡然于户,一派繁忙景象。游走型银匠皆出于银匠村,密集的加工力量迫使银匠村的一部分人选择外出经营的方式。银匠村是贵州境内的一个奇特现象,在全国也是绝无仅有的。

比起苗族银饰的历史,苗族银匠的历史要短得多。据笔者对施洞、控拜、王家牌等地银匠的调查显示,苗族银匠大约出现于清末,至今才有近百年的历史。最初的苗族银匠大多挟铁匠之技艺改行拜师,向汉族工匠学习打制银饰。龙里云

图二九 焊接银饰的贵州雷山大沟乡控拜村银匠
图三〇 整理银饰的贵州雷山西江银匠

雾山一带的"打铁寨",是当地唯一有苗族银匠的村寨,包揽了方圆数十里的银饰加工制作。至今,仍不难由这一地名证实我们的观点。苗族银匠一般都是子承父业,世代相袭,手艺极少外传。

苗族银饰的加工,全是以家庭作坊内的手工操作完成(图二九、三〇)。根据需要,银匠先把熔炼过的白银制成薄片、银条或银丝,利用压、錾、刻、镂等工艺,制出精美纹样,然后再焊接或编织成型。苗族银饰工艺流程很复杂,一件银饰多的要经过一二十道工序才能完成。而且,银饰造型本身对银匠的手工技术要求极严,非个中高手很难完成。

贵州非白银产区,历史上的银饰加工原料主要为银元、银锭。也就是说,苗族日出而作,日落而息,周而复始,经年累月,积攒下的银质货币,几乎全都投入了熔炉。正因为如此,各地银饰的银质纯度以当地流行的银币为准。譬如民国时期黔东南境内是以雷山为界,其北边银料来自大洋,纯度较高,南边来自贰毫,银饰成色较差。20世纪50年代后,党和政府

42

充分尊重苗族群众的风俗习惯，每年低价拨给民族专用银。

除了在锤砧劳作上是行家里手，在造型设计上苗族银匠也堪称高手。究其原因，一方面是苗族银匠善于从妇女的刺绣及蜡染纹样中汲取创作灵感。另一方面，作为支系成员，也为了在同行中获得竞争优势，苗族银匠根据本系的传统习惯、审美情趣，对细节或局部的刻画注重推陈出新。工艺上的精益求精，使苗族银饰日臻完美。当然，这一切都必须以不触动银饰的整体造型为前提。苗族银饰在造型上有其稳定性，一经祖先确定形制，即不可改动，往往形成一个支系的重要标志。

苗族女性饰银，爱其洁白，珍其无瑕。因此，苗族银匠除了加工银饰，还要负责给银饰除污去垢，俗称"洗银"。他们先给银饰涂上硼砂水，用木炭火烧去附着在银饰上的氧化层，然后放进紫铜锅里的明矾水中烧煮，经清水洗净，再用铜刷清理，银饰即光亮如新。

苗族银饰以其多样的品种、奇美的造型和精巧的工艺，不仅向人们呈现了一个瑰丽多彩的艺术世界，而且也展示出一个有着丰富内涵的精神世界。愿苗族银饰永放异彩。

（以上插图照片由吴仕忠提供）

一 双龙戏珠纹大银角

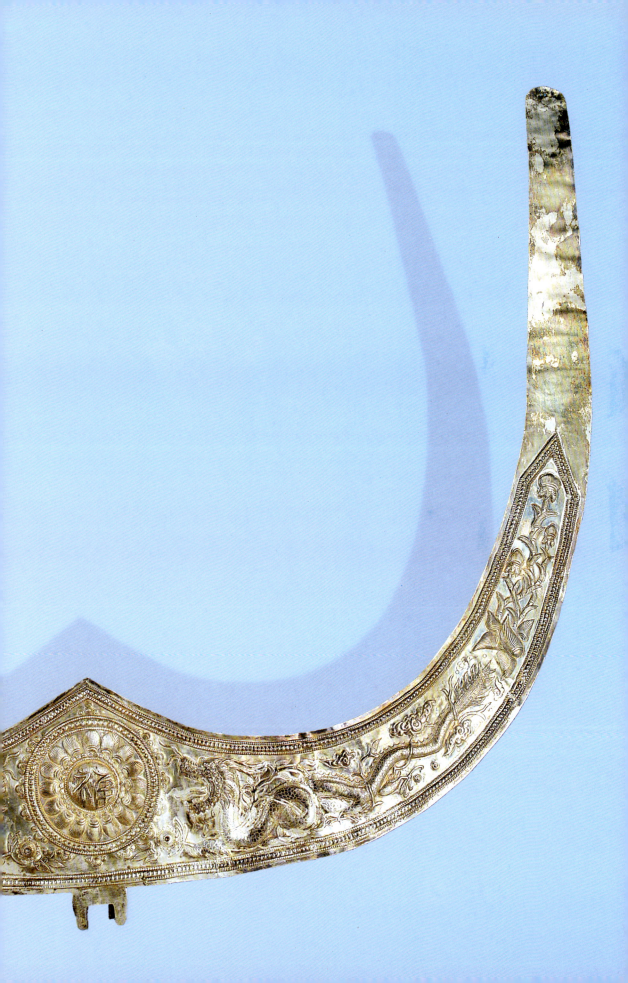

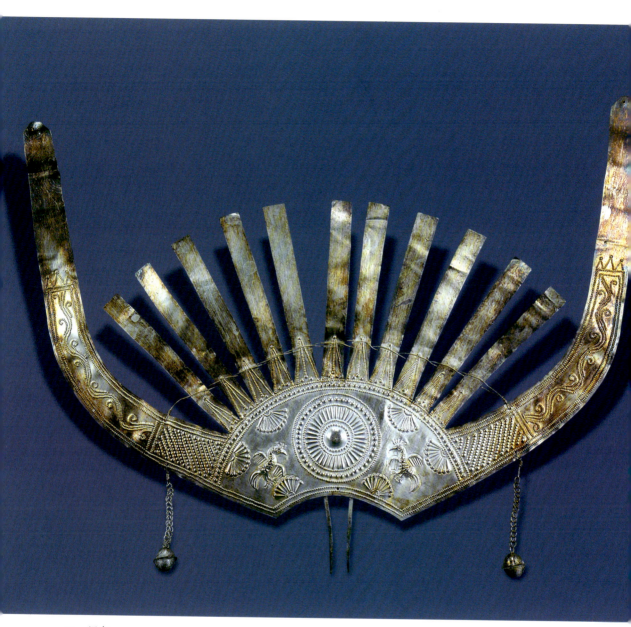

二 银角

三 龙凤纹银角

四　龙纹三岔银角

五　螳螂银头花(银角附件)

六　银凤冠（附侧面）

七　银马围帕

八　蝴蝶银护头箍

九　圆盘吊穗银围头花

一○　缀镂空银牌织锦马花帕

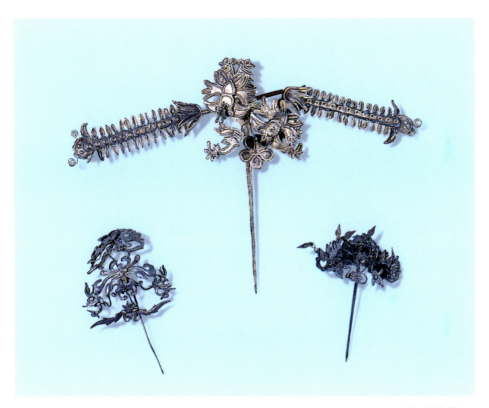

一三 银发簪

一一 银抹额
一二 二十四锥男式银头帕

一四　蝶形银发簪

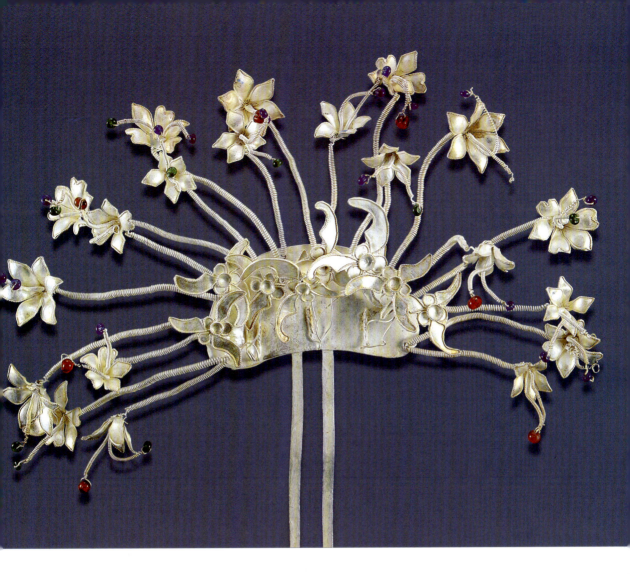

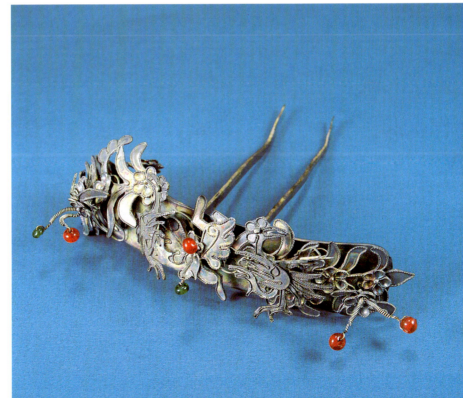

一五　春芽花银发簪
一六　花鸟蝶纹银发簪

一七　凤凰银发簪

一八　银发簪

二〇　凤凰银花发簪

一九　龙头形银发簪(局部)

二一 蝶花吊穗银发簪

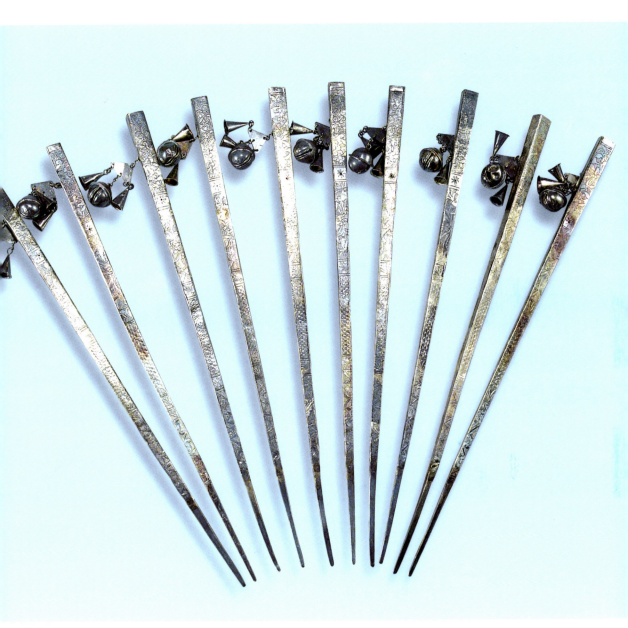

二二　响铃银发簪

二三　银凤发簪
二四　花鸟蝶纹银发簪

二五　银雀发簪

二六　蝶鼠花银发簪

二七　三层顶花银发簪

二八　凤鸟坠花瓜米头花银发簪

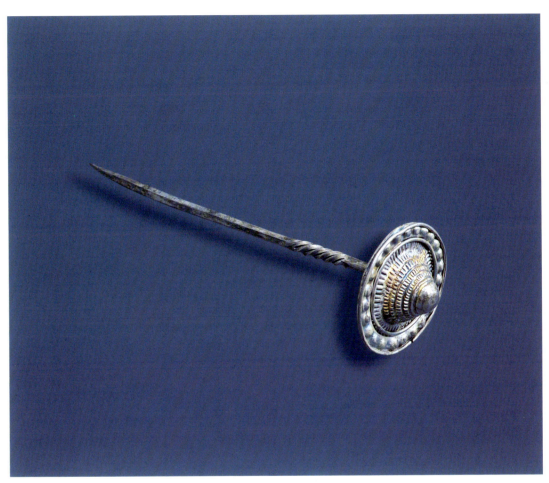

二九　斗笠形银插针

三〇　钺形银插针
三一　钉螺银插针

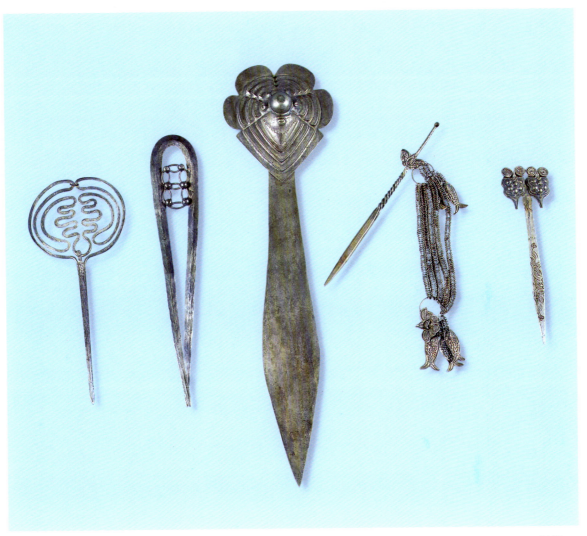

三二　银别簪

三三　龙首纹银头饰

三四　鱼龙虫鸟颤花包银木梳

三五　寿仙包银木梳

三六　银花梳(附局部)

三七 锥角式银梳

三八　花鸟纹包银木梳

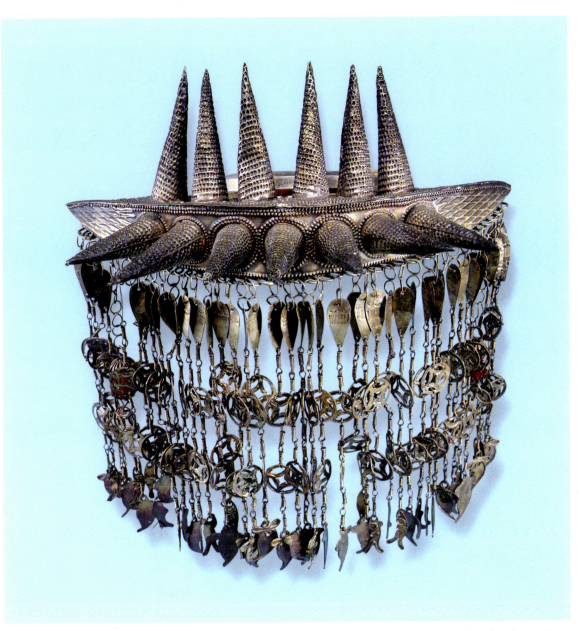

三九　十三锥角冠坠吊钱纹包银花梳

四○　银芒纹飘头排（附局部）

四一　菱形银耳环

四二　盘坠银耳环

四三 "榜香由"银耳环

四四 灯笼吊穗银耳环

四五　三螺吊叶银耳环

四六　菊花龙爪叶银耳环
四七　钉螺坠银耳环

四八　牛角形银耳环

四九　竹节乳钉银耳环

五〇　瓜蝶牌叶坠银耳环

五一　圆轮形银耳环

五二　车轴式银耳环

五三　松塔形银耳环

五四　蝉纹叶片形银耳环

五五　莲花瓜米坠银耳环

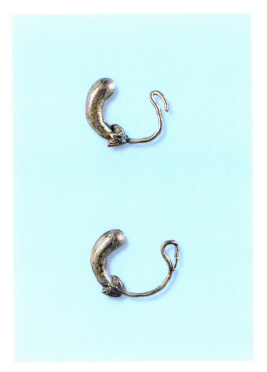

五八　茄子形银耳环

五九　梅花针形银耳环

五六　灯笼吊穗银耳环

五七　宫灯坠银耳环

六○　蝴蝶吊穗银耳环

六一　泡钉弯钩银耳环
六二　秤钩式银耳环

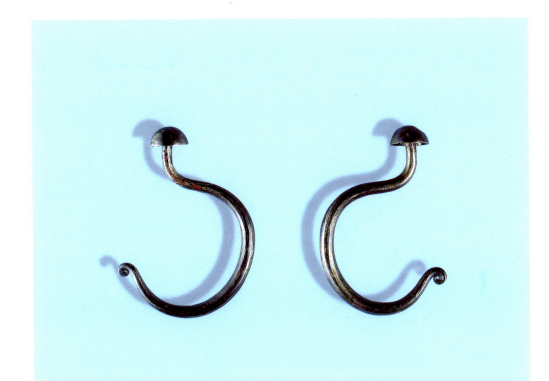

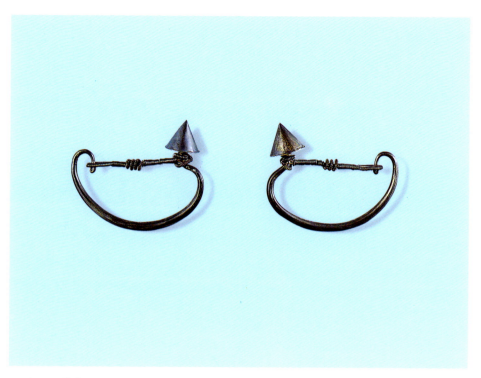

六三　蒜薹式银耳环

六四　双牛角形錾花银耳环

六五　蝶形银衣帽饰

六六　狮形银衣帽饰

六七　狮形银帽饰

六八　狮形银帽饰

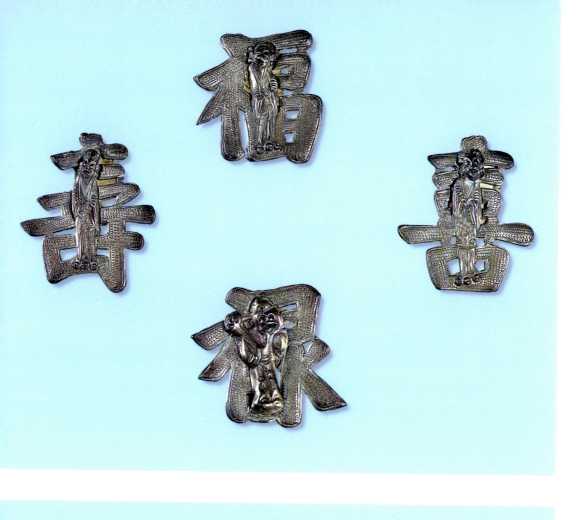

七一　麒麟形银帽饰

六九　"福禄寿喜"银帽饰
七〇　"福禄寿喜"银帽饰

七二　麒麟形银衣帽饰

七二 "福寿康宁"银帽饰

七四　虎形银帽饰

七五　狮形银衣帽饰

七六　鱼形银衣帽饰

七七 "长命富贵"银帽饰

七八　"八卦"、"六宝"银帽饰

七九　八仙银帽饰

八〇　牡丹纹银项圈

八一　藤形银项圈

八二　龙纹银项圈

八四　龙凤抢宝单层响铃银项圈(附局部)

八五　方柱扭索银项圈

八六　十三件錾花银排圈

八七　藤纹银项圈

八八　百叶银项圈

八九　錾花环片银项圈

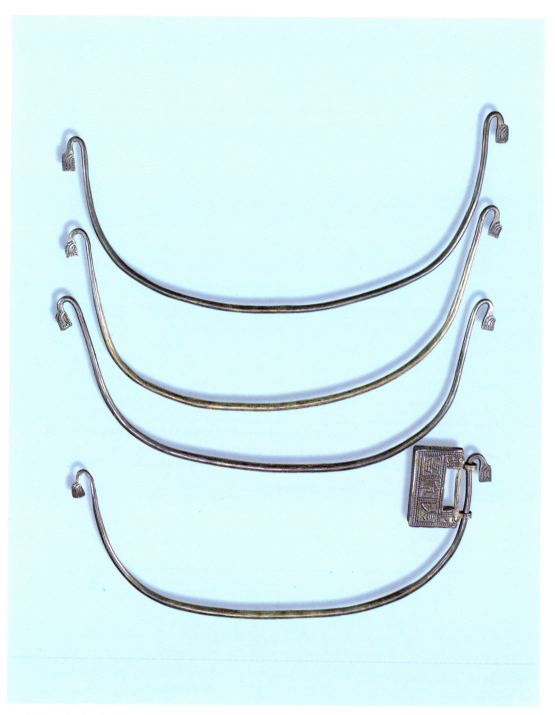

九〇　开口银项圈

九二　银项链

九四　百家锁

九三　梅花链响铃银项链

九五　双龙双狮纹银锁

九六 长命锁

九九　双狮戏球纹银压领(附局部)

一〇〇　双狮戏球纹银挂牌

一〇一　童子芭蕉纹银挂牌

一〇二　龙、凤、麒麟纹银压领

一○三　银凤菩萨纹胸牌

一○四　双龙双狮纹银吊牌

一〇七　钉螺纹银手镯

一〇五　龙纹扭丝银手镯
一〇六　山果花带链银手镯

一〇八　刻寿字牡丹狮纹银手镯

一〇九　空心银手镯

一一〇　花鸟乳钉筒状银手镯

一一一　牡丹花纹银手镯
一一二　镂空梅花纹银手镯

一一三　双龙戏珠纹宽边银手镯

一一四　镂空菊花纹宽边银手镯

一一五　六棱形银手镯

一一六　帽钉式银手镯

一一七　小米纹银手镯

一一八　绕丝小米纹银手镯
一一九　宽边花朵纹银手镯

一二〇　镂空乳钉纹银手镯

一二一　凤鸟戏花泡钉银手镯

一二二　三纽贴花银手镯

一二三　梅花乳钉纹银手镯

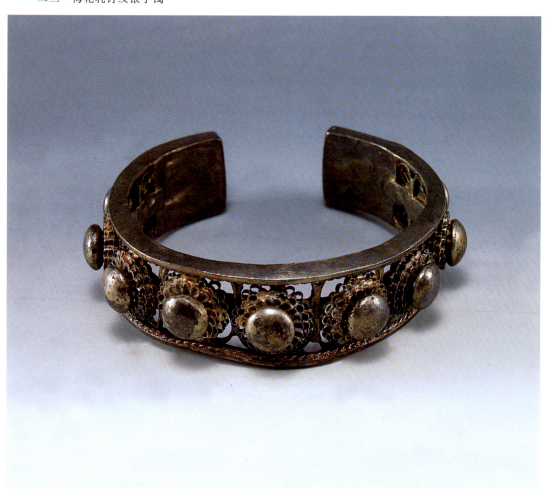

一二四　竹节形银手镯

一二五　辫形银手镯

一二六 九凸朵花银手镯

一二七　花朵纹银戒指

一二八　十三珠银戒指　　　　　　　　一二九　藤纹银戒指

一三○　镂空梅花乳钉带崽银戒指

一三一 蜜蜂纹银戒指

一三二－1　动物纹银衣片

一三二 - 2　动物纹银衣片

一三二 - 5　动物纹银衣片

一三二 - 3　动物纹银衣片
一三二 - 4　动物纹银衣片

一三二-6　动物纹银衣片

一三三　野鹿衔枝纹银衣片

一三五-1　镂空动物花卉纹银衣片

一三五－2　镂空动物花卉纹银衣片

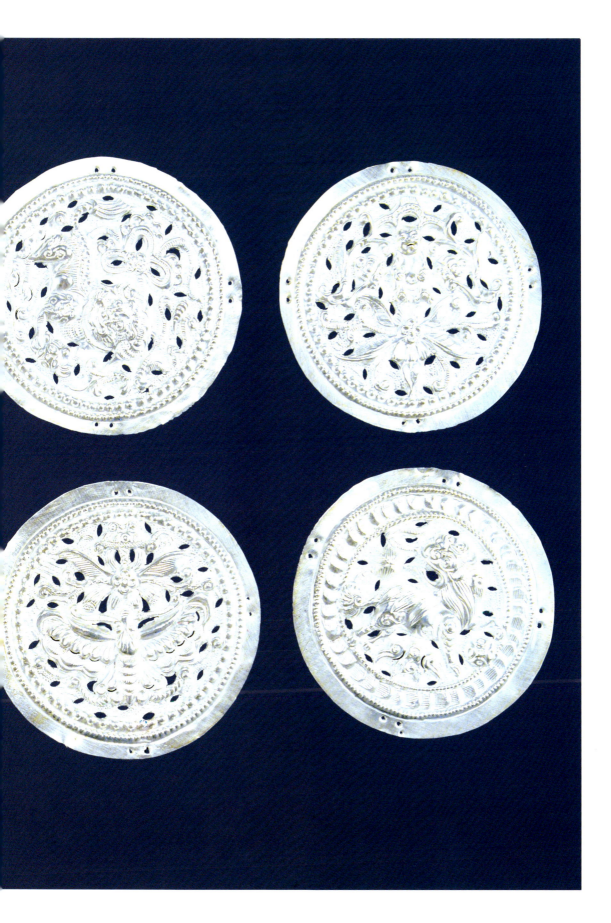

一三五 - 3　镂空动物花卉纹银衣片

一三五－4　镂空动物花卉纹银衣片

一三六　人物动物纹银衣片

一三七　蝴蝶铃铛吊

一三八　梅花围腰银链

一三九　银扣

一四〇　万字凸花银扣

一四二　银背带(附局部)
一四三　寿星八仙银铃背带

一四五　银权背吊

一四六　花蝶纹银背带、压领芯

◎ 柒　腰坠饰

一四七-1　银菩萨腰带

一四七-2　银菩萨腰带

一四七-3　银菩萨腰带
一四七-4　银菩萨腰带
一四七-5　银菩萨腰带(附局部)

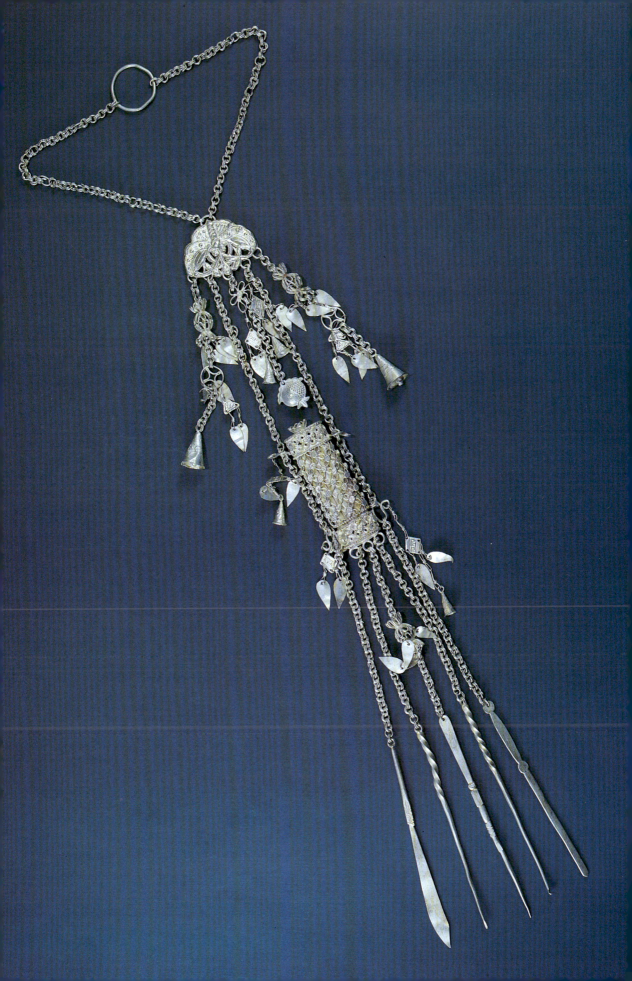

一四九　蝶牌银吊饰

一五一 兵器银吊饰

一五三　笆篓形银吊饰

一五五　雀珠烟盒银腰链

一五四　蝶牌银吊饰

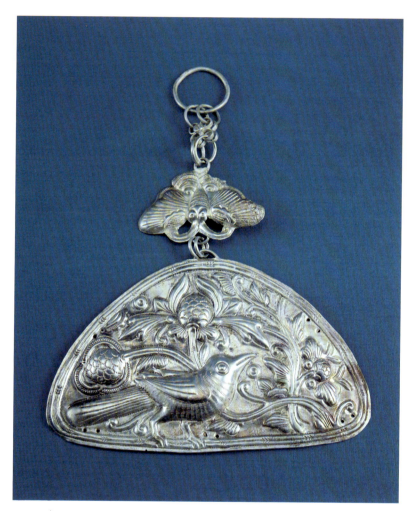

一五六　飞蛾花鸟围腰银牌

一五七　鱼形银帐饰

# 图 版 说 明

## 一 双龙戏珠纹大银角

高 75 厘米,重 800 克

20 世纪 80 年代制作

1983 年贵州台江征集

为纯银制成。两端上翘,呈牛角状,下置双股扁条形插针。正中为一圆珠,珠上有"福"字。圆珠两旁各有一龙,呈双龙戏珠之势。银角系苗族妇女在盛大节日跳芦笙舞时的重要头饰。

## 二 银角

高 36 厘米,重 124.7 克

20 世纪 50 年代制作

1958 年贵州卢山舟溪征集

为银片制成,状如折扇。两侧较高,底部垂响铃。角身以太阳纹为中心,对称錾鸡、芒纹。下置双股插针。

## 三 龙凤纹银角

高 35 厘米,重 380 克

20 世纪 80 年代制作

1983 年贵州台江征集

为纯银制成。两端上翘,呈牛角状,下置双股扁条形插针。正中为四根银片,其上焊贴双龙、飞凤。角尖饰蝴蝶。

## 四 龙纹三岔银角

高 30.5 厘米,重 120 克

20 世纪 90 年代制作

1991 年贵州都匀征集

为纯银制成。两端上翘,呈牛角状,顶部分岔。中立方牌、圆牌,上有凤鸟、龙及葵花纹等。角身正中饰二龙戏珠形象。此银角主要流行于黔南地区。

## 五 螳螂银头花(银角附件)

高 17.5 厘米,重 75 克

20 世纪 80 年代制作

1983 年贵州台江征集

以粗银丝焊接而成。其顶端立三只螳螂,背插桐花,口衔叶片吊穗。下端留有錾口,可与银角相接。

## 六 银凤冠(附侧面)

通高 42 厘米,重 2150 克

20 世纪 50 年代制作

1957 年贵州黄平征集

冠身由无数银丝支起的花朵组成,正中为一凤鸟,呈展翅欲飞之势,四周环饰飞鸟、蝴蝶、螳螂等。冠额银片正中嵌一小圆镜,两侧錾童子及朵花纹。其下饰双龙戏珠形象。冠沿垂花蕾吊穗。银冠后部饰十二根凤尾飘带,长短不一。此冠系黔东南苗族姑娘结婚时的盛装头饰。

## 七 银马围帕

长 46 厘米,重 175 克

20 世纪 80 年代制作

1983 年贵州台江征集

呈带状。正中为火轮,轮心嵌一圆镜。其两侧分饰七名骑马武士。围帕上沿刻菊花轮牌,下吊菱角。此围帕系前额装饰。

## 八 蝴蝶银护头箍

长 22 厘米,重 225 克

20 世纪 80 年代制作

1983 年贵州台江施洞征集

圆弧形银片上以银丝支起九只蝴蝶,前方两侧各饰一只凤鸟,口衔梅花。银片正中焊一扁条形插针,两端各垂一支发簪。此系贵州台江施洞苗族妇女围戴于头部的饰物。

## 九 圆盘吊穗银围头花

通长 44 厘米,重 75 克

20 世纪 90 年代制作

1991 年贵州台江征集

圆盘中除一个饰凤蝶吊穗外,其余皆为蝴蝶吊穗。此物系苗族妇女盛装时围于前

额的银饰。

## 一〇 缀镂空银牌织锦马花帕

通长 105 厘米

20 世纪 90 年代制作

1991 年贵州都匀王司征集

花帕为底,上缀八块镂空花鸟纹饰牌。此头帕主要流行于都匀王司基场一带。

## 一一 银抹额

长 36 厘米,重 21 克

20 世纪 50 年代制作

1958 年贵州凯里舟溪征集

呈长条状,中部宽,两端尖。正中为太阳纹,两侧錾鱼纹。此物系苗族妇女盛装头饰。

## 一二 二十四锥男式银头帕

长 40 厘米,重 220 克

20 世纪 90 年代制作

1991 年贵州台江征集

为两块银片相连,表面焊接二十四个圆锥体。此头帕系苗族男子头饰。

## 一三 银发簪

长 7.8～23 厘米,重 13.5～29 克

20 世纪 20 年代制作

1991 年贵州凯里、台江施洞征集

中为龙蛾双花树银发簪。其主要流行于贵州三穗寨头一带。

两侧为蝶鸟花银发簪。发簪由大小不同的蝶、花组成,造型小巧,工艺精致,反映

出苗族银饰的形制从小到大的变化过程。

## 一四　蝶形银发簪

长 15 厘米，重 19.4 克

20 世纪 50 年代制作

1958 年贵州镇远征集

发簪形似蝴蝶，顶端立一飞鸟。其造型优美，形象生动。此簪系贵州台江施洞苗族妇女发髻上的装饰。

## 一五　春芽花银发簪

长 20 厘米，重 83.7 克

20 世纪 50 年代制作

1958 年贵州镇远征集

腰子形银牌上支起数朵春芽花，花蕊分缀红、绿、蓝各色料珠。此簪系苗族妇女节日盛装头饰。

## 一六　花鸟蝶纹银发簪

长 10 厘米，重 34.8 克

20 世纪 50 年代制作

1958 年贵州凯里征集

长条形银片上以银丝支起花朵、蝴蝶、飞鸟等形象，造型生动。下置双股扁条形插针。此簪主要流行于贵州台江、凯里一带。

## 一七　凤凰银发簪

长 16 厘米，重 200 克

20 世纪 80 年代制作

1983 年贵州雷山征集

半月形底座上以银丝支起三只飞凤，口衔花叶吊穗，四周环饰鸟雀、金鱼、花叶等形

象。发簪底部边沿垂银环链穿花瓣吊穗。此发簪为贵州雷山一带苗族姑娘赶场与男青年谈情说爱时插在头顶的装饰。

## 一八　银发簪

长 35 厘米，总重 312 克

20 世纪 80 年代制作

1983 年贵州雷山西江征集

一套两支。长条形银片上以银丝支起数朵银花，花蕊缀珠。正中立一凤凰，四周环饰飞鸟。下为双股扁条形插针。苗族姑娘身着盛装时通常在发髻两侧对称佩戴此簪。

## 一九　龙头形银发簪（局部）

长 30 厘米，重 75 克

20 世纪 80 年代制作

1983 年贵州台江征集

簪身为扁条形，顶端所饰龙头口含宝珠，造型极为生动。此发簪流行于贵州台江施洞一带。

## 二〇　凤凰银花发簪

长 21 厘米，重 175 克

20 世纪 80 年代制作

1983 年贵州台江施洞征集

簪身呈圆弧状。上部正中为牡丹花，两侧以银丝支起双凤，似展翅欲飞。下部中央嵌小圆镜，并加饰凤鸟，作双凤朝阳之态。发簪下沿为喇叭吊穗。

## 二一　蝶花吊穗银发簪

长 11.8 厘米，重 68 克

20 世纪 90 年代制作

1991 年贵州三穗寨头征集

银簪呈半月形，簪面镂空，两侧以银丝支起蝴蝶、花朵等形象，外沿垂喇叭吊穗。下为扁条形插针。此簪系贵州三穗寨头苗族妇女头饰。

## 二二　响铃银发簪

长 30 厘米，总重 370 克

20 世纪 90 年代制作

1991 年贵州贵阳花溪征集

一套十二支。每支银簪形似筷子，表面錾花草、鱼鳞纹等，顶端坠一响铃。在盛大节日时，苗族妇女将其并列插于头顶，以示富有。

## 二三　银凤发簪

长 20 厘米，重 95 克

20 世纪 90 年代制作

1991 年贵州台江征集

凤鸟口衔一灯笼形饰物，作展翅欲飞之势，双翅上以银丝支起一对蝴蝶。其造型生动，制作工艺精湛。此簪系贵州台江施洞苗族妇女饰物。

## 二四　花鸟蝶纹银发簪

长 15 厘米，重 41 克

20 世纪 90 年代制作

1991 年贵州凯里征集

长条形银片上以银丝支起花朵、蝴蝶、飞鸟等形象，下置扁条形插针。此发簪主要

208

流行于贵州凯里一带。

## 二五　银雀发簪

长 18 厘米，重 99 克

20 世纪 90 年代制作

1991 年贵州都匀王司征集

为双股插簪。银雀口衔一灯笼形饰物，背部以银丝支起数朵银花，花蕊缀褐色、绿色料珠。雀身錾刻出羽毛细部。其两翼下垂叶片花。此发簪主要流行于贵州都匀王司一带。

## 二六　蝶鼠花银发簪

长 18 厘米，重 67 克

20 世纪 90 年代制作

1991 年贵州台江施洞征集

腰形银牌上以银丝支起花、鼠形象，并由银牌延伸出七条花枝，顶端为蝶花坠叶片。苗族视鼠为吉祥之物，家有粮，鼠才来，表示生活富足。此簪系贵州台江施洞苗族妇女头饰。

## 二七　三层顶花银发簪

高 17 厘米，重 80 克

20 世纪 90 年代制作

1991 年贵州贵阳花溪征集

发簪分三层。顶层以银丝扭成弹簧状，支起一飞鸟；中层圆盘錾菊花纹，四周支起八朵喇叭花；底层圆盘錾菊花、蜜蜂纹，下坠八串叶片吊穗。此簪系苗族姑娘盛装头饰。

## 二八　凤鸟坠花瓜米头花银发簪

长 10.2 厘米，重 45 克

20 世纪 90 年代制作

1991 年贵州都匀征集

一套四支。发簪上部为两只凤鸟，周围以银丝支起数朵银花，花蕊缀彩色料珠。下坠菊花、瓜米吊穗。

## 二九　斗笠形银插针

长 16.8 厘米，重 30.2 克

20 世纪 50 年代制作

1958 年贵州卢山舟平寨征集

插针形似斗笠，笠顶饰草编纹，边沿为一圈乳钉纹。其造型简洁生动，极具民族特色。此插针系苗族青年妇女头饰。

## 三〇　铖形银插针

长 17 厘米，重 60 克

20 世纪 90 年代制作

1991 年贵州台江征集

一套两支。铖形表面錾刻太阳花，一角垂一灯笼，下坠四枚叶片。

## 三一　钉螺银插针

长 12 厘米，总重 190 克

20 世纪 90 年代制作

1991 年贵州台江征集

一套四支。形似钉螺，中空。通体饰乳钉纹，顶部坠三个响铃。苗族妇女身着盛装时将此插针并排插于发髻之上。

## 三二　银别簪

长 9.5～32.5 厘米，重 13～100 克

20 世纪 90 年代制作

1991 年贵州凯里征集

从左至右依次为几何纹发簪、钱纹镶珠发簪、桃形六叠层朵花发簪、五股链鱼蝶别簪、双猫头刻花发簪。其造型别致，风格多样。此组发簪流行于贵州榕江、黎平、从江一带。

## 三三　龙首纹银头饰

长 50 厘米，重 153 克

20 世纪 20 年代制作

1991 年贵州都匀征集

其以龙首纹插针、蝶花别簪、蝶纹银簪及梅花链连接而成。其纹饰錾刻精细。此头饰流行于贵州都匀、三都一带。

## 三四　鱼龙虫鸟颤花包银木梳

宽 10 厘米，重 170.9 克

20 世纪 50 年代制作

1953 年贵州台江施洞征集

银皮包裹梳背，露齿。梳背上以银丝支起蝴蝶、飞鸟、龙、鱼、花卉等形象，并缀蓝、绿色料珠及九个带链小铃。木梳两侧各有一带链小簪。此梳为苗族妇女盛装头饰。

## 三五　寿仙包银木梳

宽 13.2 厘米，重 190 克

20 世纪 50 年代制作

1958 年贵州三都征集

木梳为半月形，以双龙戏球、双凤朝阳纹刻花银皮包裹。梳背焊贴七个寿仙，下部皆坠蝴蝶、叶片吊穗。

### 三六　银花梳（附局部）

宽 15 厘米，重 500 克

20 世纪 80 年代制作

1983 年贵州雷山征集

银皮包木梳背，露齿。梳背上錾刻栀子花，并以银丝支起数朵山茶花，花蕊缀珠。正中立三只凤凰，周饰飞鸟。梳背边沿饰十七个锥体，下坠叶片吊穗。花梳两侧为带链插簪。其装饰华丽，做工考究。此梳系贵州雷山西江苗族妇女节日盛装头饰。

### 三七　锥角式银梳

宽 15 厘米，重 100 克

20 世纪 80 年代制作

1983 年贵州雷山征集

木梳为半月形，除梳齿外，皆以银皮包裹。其上錾刻栀子花纹。梳背顶部饰十七个圆锥银角。木梳两侧各有一根带链银簪。此梳为当地苗族姑娘赶场、喜庆节日等重要场合佩戴的头饰。

### 三八　花鸟纹包银木梳

宽 9.7 厘米，重 84 克

20 世纪 90 年代制作

1991 年贵州都匀王司征集

木梳为半月形，除梳齿外，皆以银皮包裹。其上錾刻凤鸟、花卉纹等。梳背饰古钱纹。此梳流行于贵州都匀一带。

### 三九　十三锥角冠坠吊钱纹包银花梳

宽 20 厘米，重 220 克

20 世纪 90 年代制作

1991 年贵州都匀王司征集

除梳齿外，花梳皆以银皮包裹。其上錾有几何纹等。梳背及顶部饰十三个圆锥银角。梳背边缘坠瓜米、古钱、鱼形吊穗。此梳流行于贵州都匀一带。

### 四〇　银芒纹飘头排（附局部）

宽 40 厘米，重 132 克

20 世纪 90 年代制作

1991 年贵州剑河征集

正中圆牌内錾刻浮雕花纹，四周饰锯齿纹。上下各有一扁条形插簪。左端龙牙横贯五根银片。飘头排造型源自锦鸡额前美丽羽毛的苗族传说，系妇女头饰。

### 四一　菱形银耳环

长 7.4 厘米，重 15.6 克

20 世纪 30 年代制作

1953 年贵州普定平桥征集

一对。圆环下坠菱形银片，双面錾刻对称芒纹、月牙纹。其造型简洁，工艺精致。

### 四二　盘坠银耳环

长 6.1 厘米，重 31.3 克

20 世纪 40 年代制作

1958 年贵州水城征集

一对。以银条盘制而成，一端为圆环状，另一端盘成圆蜗状。

### 四三　"榜香由"银耳环

长 9 厘米，重 79.2 克

20 世纪 40 年代制作

1991 年贵州剑河征集

一对。系银条盘制而成,一端为蜻蜓状,另一端盘成圆形。"榜香"是一位苗族妇女,"由"为苗语蜻蜓之意。传说有一年苗寨里出现了有害人类的毒蚊,"榜香"化身蜻蜓,消灭了毒蚊。为表示纪念,人们即在服装及饰品上以蜻蜓形象为装饰。

## 四四　灯笼吊穗银耳环

长 8 厘米,重 53.1 克

20 世纪 40 年代制作

1958 年贵州镇远征集

一对。形似灯笼。其顶部置银钩,银钩两端盘曲。钩下为一笠形盘,盘面以银丝扭成三层菊瓣纹。下垂二十四组长条银坠。

## 四五　三螺吊叶银耳环

长 15 厘米,重 138.4 克

20 世纪 50 年代制作

1958 年贵州雷山征集

一对。上端穿耳处呈圆环状,尾端为螺旋形。环下为主饰,系用菱形银块将三个螺旋形圆片串接,并附花瓣及镂空花蒂,下垂十八条带链尖叶形坠。此为苗族妇女盛装耳饰。

## 四六　菊花龙爪叶银耳环

直径 4.4 厘米,重 41.1 克

20 世纪 50 年代制作

1958 年贵州黎平征集

一对。一半以银条卷成蜗旋状,另一半制成薄片,下沿锉成锯齿状,并镶银丝。齿内为一条珠链,另镶三朵野菊花。其花蕊突出,花瓣下垂,形象极为生动。

## 四七　钉螺坠银耳环

长 5 厘米,重 37.3 克

20 世纪 50 年代制作

1958 年贵州黎平征集

一对。为腰子形圆环,两端接头处用银丝扭成弓弦状,一端接有一钉螺形坠。其造型独特。此耳饰流行于贵州黎平一带。

## 四八　牛角形银耳环

直径 3 厘米,重 38.5 克

20 世纪 50 年代制作

1958 年贵州黎平征集

一对。呈牛角状,一端为四棱形,上刻三条锯齿纹。

## 四九　竹节乳钉银耳环

直径 6.3 厘米,重 60.5 克

20 世纪 50 年代制作

1958 年贵州黎平征集

一对。环上缠多节银丝,每节银丝向环外焊一乳钉,共九个。其造型独特。

## 五〇　瓜蝶牌叶坠银耳环

长 7.6 厘米,重 16.2 克

20 世纪 50 年代制作

1958 年贵州黎平征集

一对。穿耳孔一端较细,另一端扁宽,上刻曲波纹、点珠纹,并饰一瓜蝶纹方牌。

环下坠瓜蝶纹方牌，下吊叶片。

## 五一　圆轮形银耳环

直径 2 厘米，重 13.8 克

20 世纪 50 年代制作

1958 年贵州卢山湾水乡征集

一对。以 0.7 厘米宽银片卷成圆筒，上下为空花银珠盖，盖边镶绳纹银丝。少数民族妇女耳洞很大，可以将此类耳饰安稳地贴在耳根上。

## 五二　车轴式银耳环

直径 2.7 厘米，重 50 克

20 世纪 80 年代制作

1983 年贵州雷山征集

一对。为车轴形，中空，较小一端为内侧。

## 五三　松塔形银耳环

高 2.1 厘米，重 10.6 克

20 世纪 80 年代制作

1988 年贵州台江征集

一对。为松塔形，上部呈筒状，下部为小圆盘筒状，子母相扣。其造型独特，工艺精湛。此系贵州台江施洞苗族妇女耳饰。

## 五四　蝉纹叶片形银耳环

长 4 厘米，重 12 克

20 世纪 90 年代制作

1990 年贵州台江施洞征集

一对。形似叶片，坠子以两枚银片焊合而成，中空，表面錾刻蝉纹。两只耳环一雄

一雌。此耳饰主要流行于贵州台江施洞一带。

## 五五　莲花瓜米坠银耳环

长 5 厘米，重 10.3 克

20 世纪 90 年代制作

1991 年贵州丹寨征集

一对。环由两朵梅花组成，下坠瓜米。

## 五六　灯笼吊穗银耳环

长 7 厘米，重 45 克

20 世纪 90 年代制作

1991 年贵州贵阳花溪征集

一对。形似灯笼，系银丝编焊而成。分上中下三层，上层似莲花，中为灯笼，下层为吊穗。灯笼正中缀四朵对称梅花。其造型精美，工艺细致，是贵阳花溪一带苗族妇女喜爱的耳饰。

## 五七　宫灯坠银耳环

长 8 厘米，重 41.5 克

20 世纪 90 年代制作

1991 年贵州剑河征集

一对。以银条弯成圆圈，尾部为蜗旋形。下坠一四方宫灯，上刻两朵梅花。

## 五八　茄子形银耳环

直径 2 厘米，重 3 克

20 世纪 90 年代制作

1991 年湖南湘西土家族苗族自治州征集

一对。其上端为一弯钩，下端为茄形，

中空。

## 五九　梅花针形银耳环

直径 3.3 厘米, 重 9 克

20 世纪 90 年代制作

1991 年湖南麻栗场征集

一对。上端为四棱形,下端为针状,中部饰一梅花。此系贵州铜仁一带苗族妇女喜爱的耳饰。

## 六〇　蝴蝶吊穗银耳环

长 12 厘米, 重 17 克

20 世纪 90 年代制作

1991 年贵州凯里征集

一对。环下坠子錾成蝶形,并垂四串叶片吊穗。此系贵州剑河一带苗族妇女喜爱的耳饰。

## 六一　泡钉弯钩银耳环

长 7.5 厘米, 重 25.5 克

20 世纪 90 年代制作

1991 年贵州凯里征集

一对。其一端为银泡,另一端为弯钩,并向外卷成蜗旋状。

## 六二　秤钩式银耳环

长 5.5 厘米, 重 83 克

20 世纪 90 年代制作

1991 年贵州黎平征集

一对。形似秤钩。其造型别致,是贵州黎平一带苗族妇女佩戴的一种耳饰。

## 六三　蒜薹式银耳环

长 5.8 厘米, 重 21 克

20 世纪 90 年代制作

1991 年贵州都匀征集

一对。呈半月形,一端弯成钩状,另一端制成锥体。两端用弹簧状细丝连接。当地称为"蒜薹式"。

## 六四　双牛角形錾花银耳环

宽 5.5 厘米, 重 23.9 克

20 世纪 90 年代制作

1991 年贵州关岭征集

一对。为双牛角形,中空。其尖端相连,粗端留活口。通体錾月牙纹、扇羽纹、三角纹、圆圈纹等。

## 六五　蝶形银衣帽饰

高 2～3 厘米, 重 2～2.2 克

20 世纪 30 年代制作

1990 年贵州台江施洞征集

两件。为蝶形,通体錾纹。蝴蝶是苗族的吉祥物。其形象常被用作衣帽装饰。

## 六六　狮形银衣帽饰

高 3 厘米, 重 5.4 克

20 世纪 30 年代制作

1990 年贵州台江施洞征集

一对。其形态逼真,栩栩如生。为当地苗族儿童衣帽饰片,有吉祥驱邪之意。

## 六七　狮形银帽饰

高 2.5 厘米, 重 4.5 克

20 世纪 30 年代制作

1990 年贵州台江施洞征集

为浮雕狮形,作奔扑状,表面镂空。系苗族童帽装饰。

### 六八　狮形银帽饰

高 2.5 厘米,重 7.3 克

20 世纪 40 年代制作

1990 年贵州台江施洞征集

为浮雕狮形,作昂首行走状,表面镂空。系苗族童帽装饰,寓意吉祥。

### 六九　"福禄寿喜"银帽饰

高 3 厘米,重 18.7 克

20 世纪 40 年代制作

1990 年贵州台江施洞征集

一套四件。为如意云纹镂空"福、禄、寿、喜"四字,楷体。每字中皆錾有佛像。系苗族童帽装饰,有祝福之意。

### 七〇　"福禄寿喜"银帽饰

高 3 厘米,重 14.7 克

20 世纪 40 年代制作

1990 年贵州台江施洞征集

一套四件。为鱼籽纹镂空"福、禄、寿、喜"四字,楷体。"福"、"喜"字中錾一佛像,"禄"字中为一手捧如意之人像,"寿"字中为一寿星形象。系苗族童帽装饰,有祝福之意。

### 七一　麒麟形银帽饰

高 3 厘米,重 4.8 克

20 世纪 40 年代制作

1990 年贵州台江施洞征集

浮雕麒麟戏球形象,表面镂空。为苗族童帽装饰,寓意富贵吉祥。

### 七二　麒麟形银衣帽饰

高 2.6 厘米,重 10.6 克

20 世纪 40 年代制作

1990 年贵州台江施洞征集

一对。浮雕麒麟形象,表面镂空。其造型生动,工艺精湛。为当地苗族衣帽饰片,寓意富贵吉祥。

### 七三　"福寿康宁"银帽饰

直径 3.7 厘米,重 13.9 克

20 世纪 50 年代制作

1958 年贵州黎平征集

一套四件。分别錾"福、寿、康、宁"四字,每字上刻一吉祥动物图案,如"福"字上为野鹿衔枝,"寿"字上为白鹤仙桃。系苗族儿童帽饰,有吉祥之意。

### 七四　虎形银帽饰

高 3.2 厘米,重 5.5 克

20 世纪 50 年代制作

1990 年贵州台江施洞征集

为浮雕虎形,中空。呈匍匐状,张口吐舌,瞪眼欲扑。系苗族儿童帽饰。

### 七五　狮形银衣帽饰

高 2.5 厘米,重 4 克

20 世纪 90 年代制作

1990 年贵州台江施洞征集

一对。为浮雕狮戏球形象,表面镂空。系苗族衣帽饰物,寓意吉祥。

## 七六　鱼形银衣帽饰

高 2 厘米,重 3.6 克

20 世纪 90 年代制作

1990 年贵州台江施洞征集

一对。为大头、扇尾、鼓眼金鱼形。系苗族衣帽饰物,寓意吉祥。

## 七七　"长命富贵"银帽饰

高 3 厘米,重 9 克

20 世纪 90 年代制作

1991 年贵州都匀王司征集

一套四件。镂空花叶状,分别錾"长、命、富、贵"四字。系苗族童帽饰物,有祝福之意。其主要流行于贵州都匀王司一带。

## 七八　"八卦"、"六宝"银帽饰

直径 2.5～3 厘米,重 3～3.4 克

20 世纪 90 年代制作

1991 年贵州台江施洞征集

两件。纯银制成。正中为"宝",又为八卦,四周置通书、尺子、戥子、算盘、剪刀、笔等六宝。此类帽饰流行于贵州台江一带,多缀于苗族童帽前额正中。

## 七九　八仙银帽饰

高 2～3 厘米,重 3.1～5.5 克

20 世纪 90 年代制作

1991 年贵州台江施洞征集

一套九件。造型为佛像,一大八小。此帽饰流行于贵州台江一带,系苗族童帽饰,为婴儿满月后所佩戴。

## 八〇　牡丹纹银项圈

最大圈径 23.6 厘米,重 520 克

20 世纪 50 年代制作

1955 年贵州松桃征集

一套三件。纯银制成。末端为活扣,以银条缠绕。项圈正面錾牡丹花纹。此项饰系贵州松桃一带苗族妇女装饰物。

## 八一　藤形银项圈

圈径 28 厘米,重 1225 克

20 世纪 80 年代制作

1983 年贵州雷山西江征集

一对。纯银制成。呈 S 形连环状,活扣。两端以细银丝缠成管状。此项饰流行于贵州雷山西江一带,为当地苗族妇女身着节日盛装时所佩戴。

## 八二　龙纹银项圈

圈径 28 厘米,重 400 克

20 世纪 80 年代制作

1983 年贵州台江施洞征集

正面浮雕双龙戏珠纹及鱼纹。下部圈沿并排垂吊十一串饰物,为蝴蝶、喇叭、响铃、佛像、金鱼、花苞等形象。其造型独特,工艺精细。

## 八三　串戒指银项圈

圈径 20 厘米,重 152 克

20 世纪 90 年代制作

1991 年贵州凯里征集

活扣。内圈银片上錾叶纹，并用银丝串连十四只凸花银戒作装饰。戒身坠蝴蝶瓜米吊。此项饰流行于贵州黄平苗族地区。

## 八四　龙凤抢宝单层响铃银项圈(附局部)

圈径 31 厘米，重 500 克

20 世纪 90 年代制作

1991 年贵州凯里征集

通体錾叶脉纹，单面浮雕双龙、双凤抢宝纹饰，正中坠浮雕龙纹圆盒，下饰刀吊饰。下部圈沿坠猫、鹿、鱼、龙纹响铃吊饰。此项圈流行于贵州黄平、凯里苗族地区。

## 八五　方柱扭索银项圈

圈径 18～20 厘米，重 350～482 克

20 世纪 90 年代制作

1991 年贵州凯里征集

项圈皆为绳索状，实体，活扣。其感觉华丽、贵重。

## 八六　十三件錾花银排圈

圈径 12～27 厘米，重 1900 克

20 世纪 90 年代制作

1991 年贵州黎平征集

其中六件银排圈圈径大小与颈围一致，七件圈径从内向外逐渐加大。通体錾花草纹。此排圈流行于贵州从江西山地区，体现了苗族妇女以重为贵的思想。

## 八七　藤纹银项圈

最大圈径 7 厘米，重 700 克

20 世纪 90 年代制作

1991 年贵州黎平征集

一套三件。项圈两股扭成藤状，顶端为活扣。此项圈系贵州黎平岩洞苗族妇女饰物，婚前戴三件，婚后戴一件。

## 八八　百叶银项圈

圈径 38 厘米，重 475 克

20 世纪 90 年代制作

1991 年贵州剑河征集

一套三件。系银片制成。为大、中、小三件，表面錾三角纹，内圈留活扣。此项圈是贵州剑河柳家一带苗族妇女节日盛装饰物。

## 八九　錾花环片银项圈

圈径 22 厘米，重 150 克

20 世纪 90 年代制作

1991 年湖南江山征集

纯银制成，活扣。项圈表面饰牡丹纹、线纹、折枝花纹。

## 九〇　开口银项圈

宽 29 厘米，总重 1575 克

20 世纪 90 年代制作

1991 年贵州贵阳花溪征集

一套十三件。皆由圆柱形银条弯成，正面吊银锁。银锁一面錾"长命富"字样，一面錾"福禄寿"字样。佩戴时用布条连成一串挂于胸前。此项圈系贵阳花溪高坡一带苗族妇女节日盛装饰物。

## 九一　响铃银项链（附局部）

通长 62 厘米，重 352 克

20 世纪 80 年代制作

1984 年贵州施秉征集

为双环银链，链身吊坠蝙蝠、虎、蟾蜍、凤凰、鸡、鹅、鱼、马、人等形象及数个响铃。项链下部正中坠一圆盒，一面饰浮雕牛头纹，一面饰葵花纹，盒下坠刀、剑、挖耳勺等吊饰。此项链样式华美，为贵州施秉一带苗族妇女结婚喜庆节日盛装佩饰。

## 九二　银项链

长 48～50 厘米，重 50～450 克

20 世纪 90 年代制作

1991 年贵州剑河、黎平青榜征集

从左至右依次为四方链、金瓜项链、8 字形项链。四方链为双环扣连成链，流行于贵州剑河苗族地区。金瓜项链链珠扁圆似瓜，上錾花纹，并以双环扣连成串。其主要流行于贵州榕江苗族地区。8 字形项链多见于贵州黄平一带。

## 九三　梅花链响铃银项链

通长 64 厘米，重 537 克

20 世纪 90 年代制作

1991 年贵州凯里征集

为双环扣梅花链，链身坠双面蝴蝶、鱼、鸟纹响铃吊饰。下部正中坠一双面浮雕牛头纹圆盒，下垂兵器坠。此项链系贵州黄平、凯里一带苗族妇女的前胸佩饰。

## 九四　百家锁

宽 4.7 厘米，重 22.7 克

20 世纪 50 年代制作

1958 年贵州安顺征集

银锁双面分别刻"百家保锁"、"长命富贵"等字样，上部錾太阳云纹。此类银锁是为祈求儿童长命百岁而制作，制作费用由亲朋好友捐赠，故称"百家锁"

## 九五　双龙双狮纹银锁

宽 10 厘米，重 141 克

20 世纪 90 年代制作

1991 年贵州贵阳花溪征集

两件。银锁中空，双面浮雕，分别为双龙戏珠及双狮戏球纹，下坠三个单扣链银铃。此银锁系苗族未婚女子盛装胸饰。

## 九六　长命锁

通长 28 厘米，重 23 克

20 世纪 90 年代制作

1991 年广西三江征集

银锁中空，双面錾花，分别为"长命百岁"福寿图，"年年有余"双鱼戏水图。单股连环扣挂链。此锁为苗族儿童胸牌。

## 九七　掐丝双凤朝阳纹银压领

通长 72 厘米，重 304 克

20 世纪 50 年代制作

1955 年贵州松桃征集

链身由六十余颗银珠串成。压领呈半月形，正面为掐丝镂空云纹，上立蝴蝶、双凤等形象，下坠带链响铃。此系苗族妇女前胸

饰物。

## 九八 双龙戏珠纹银压领

宽 22 厘米, 重 140 克

20 世纪 50 年代制作

1958 年贵州三都征集

呈半月形, 内平滑。正面以镂空卷草纹为底, 焊贴双龙戏珠纹, 下坠蝴蝶、叶片吊穗。此系苗族妇女前胸饰物。

## 九九 双狮戏球纹银压领(附局部)

通长 22.5 厘米, 重 1100 克

20 世纪 80 年代制作

1983 年贵州雷山西江征集

为双股银链, 下吊腰子形银牌。银牌为连弧纹边, 正面浮雕双狮戏球纹, 下部边缘坠二十三串蝴蝶、响铃、喇叭花、古钱吊穗。此系贵州雷山西江苗族妇女盛装胸饰。

## 一〇〇 双狮戏球纹银挂牌

宽 8.2 厘米, 重 200 克

20 世纪 80 年代制作

1983 年贵州台江施洞征集

呈腰子形, 连弧纹边, 正面浮雕双狮戏球、凤鸟、蝴蝶、花卉等形象, 下部边缘坠十一串蝴蝶、响铃、菱角、花苞、叶片吊穗。挂牌又称压领, 为苗族妇女前胸饰物。

## 一〇一 童子芭蕉纹银挂牌

宽 7.3 厘米, 重 52.9 克

20 世纪 90 年代制作

1991 年贵州台江施洞征集

中空, 单面浮雕一童子形象, 下坠响铃。其呈坐姿, 手持蕉叶。右侧为一芭蕉树。

## 一〇二 龙、凤、麒麟纹银压领

通长 30 厘米, 重 750 克

20 世纪 90 年代制作

1991 年贵州凯里征集

呈腰子形。正面用银丝支起双龙、双凤、双麒麟戏球以及飞鸟、花草等形象, 上饰花篮形吊钩, 下坠鱼、蝶、响铃双面浮雕吊穗。此系苗族妇女节日盛装时佩于前胸的饰物, 主要流行于贵州三穗寨头地区。

## 一〇三 银凤菩萨纹胸牌

宽 14.4 厘米, 重 58.2 克

20 世纪 90 年代制作

1991 年贵州丹寨雅灰征集

胸牌分三层, 上层为双凤纹, 中层为变形蜜蜂采花图案, 下层为菩萨形象。此牌为苗族已婚妇女节日盛装时佩于前胸的饰物。

## 一〇四 双龙双狮纹银吊牌

通长 55.5 厘米, 重 151 克

20 世纪 50 年代制作

1958 年贵州黎平征集

由双股银链和三块银牌组成。银牌皆为单面浮雕, 上为双龙戏球纹, 中为五角星纹, 下为双狮戏球及双凤戏花纹。边沿錾刻四只蝴蝶, 下坠蝴蝶、响铃吊穗五串。

## 一〇五 龙纹扭丝银手镯

直径 7 厘米, 重 94 克

20 世纪 20 年代制作

1991 年贵州都匀征集

一对。中部为银扭丝，两端錾花缀乳钉纹、龙纹。

### 一〇六　山果花带链银手镯

直径 6.5 厘米，重 58.3 克

20 世纪 20 年代制作

1988 年贵州镇宁征集

一对。分两段，一段为镂空山果花纹，另一段为实心，上有吉祥文字及花朵纹饰。衔接之处为活口，上有插销。

### 一〇七　钉螺纹银手镯

直径 9.5 厘米，重 43.9 克

20 世纪 20 年代制作

1991 年贵州榕江征集

一只。活口，中空。镯面为浮雕钉螺纹，边饰连珠纹。

### 一〇八　刻寿字牡丹狮纹银手镯

直径 6.2～6.5 厘米，重 24.3～58 克

20 世纪 40 年代制作

1991 年贵州台江征集

两侧为一对。镯面扁平，带式，活口。两只手镯花纹各异，一只为狮纹及折枝纹，另一只为宝相花纹、牡丹花纹及寿字纹。

正中手镯镯面为八宝纹，两侧为寿字纹、牡丹纹、狮纹等。其纹饰精美，工艺细致。

### 一〇九　空心银手镯

直径 5.5 厘米，重 64.3 克

20 世纪 40 年代制作

1990 年贵州台江施洞征集

一对。内平外凸，中空。镯面饰莲花、葫芦、箫、笛纹等。活口，上有螺旋形插销。

### 一一〇　花鸟乳钉筒状银手镯

直径 5.8 厘米，重 96.5 克

20 世纪 50 年代制作

1953 年贵州雷山征集

一只。圆筒形，活口。中部为乳钉纹，间饰连珠纹。上下两端饰双鸟梅花纹，鸟眼留孔，以备穿线系腕之用。此手镯为苗族妇女盛装饰物。

### 一一一　牡丹花纹银手镯

直径 6.3 厘米，重 188.7 克

20 世纪 50 年代制作

1958 年贵州黎平征集

一对。中部宽，两端渐窄，端头以银条相互搭缠八圈。镯面饰牡丹纹。

### 一一二　镂空梅花纹银手镯

直径 7.3 厘米，重 76.2 克

20 世纪 50 年代制作

1958 年贵州镇远征集

一对。两层银片制成，内平外凸。外层为镂空缠枝芙蓉间梅花纹，绳纹镶边。此镯主要流行于贵州天柱、榕江一带。

### 一一三　双龙戏珠纹宽边银手镯

直径 7.4 厘米，重 127.1 克

20 世纪 50 年代制作

1958 年贵州榕江征集

一只。宽边,两边渐窄,至末端拉成银条相互搭缠五圈。其边棱突出,镯面錾双龙戏珠纹、祥云纹、火纹,纹饰精美生动。

### 一一四　镂空菊花纹宽边银手镯

直径 6.5 厘米,重 62.5 克

20 世纪 50 年代制作

1958 年贵州榕江征集

一只。活口,两端錾刻茶花纹,并镂空银珠四瓣花形象。其工艺精细。苗族妇女多于喜庆节日时佩戴此镯。

### 一一五　六棱形银手镯

直径 8 厘米,重 325 克

20 世纪 80 年代制作

1983 年贵州雷山西江征集

一对。手镯呈六棱形,两端衔接处为螺旋形绕丝。

### 一一六　帽钉式银手镯

直径 8.8 厘米,重 275 克

20 世纪 80 年代制作

1983 年贵州台江征集

一对。活口,镯面为三排乳钉纹。两端排列五颗铆钉,呈梅花形。帽钉间为镂空四瓣花形象。

### 一一七　小米纹银手镯

直径 9 厘米,重 275 克

20 世纪 80 年代制作

1983 年贵州雷山征集

一对。手镯接头处为螺旋形绕丝,镯身由扭丝勾连而成,似小米串珠。

### 一一八　绕丝小米纹银手镯

直径 8.6 厘米,重 300 克

20 世纪 80 年代制作

1983 年贵州台江施洞征集

一对。由细银丝缠绕而成,末端接头处为两根六棱柱形细银条与缠丝相接。其工艺精细,美观雅致。

### 一一九　宽边花朵纹银手镯

直径 7.5 厘米,重 260 克

20 世纪 80 年代制作

1988 年贵州台江施洞征集

一对。中部宽,镯面布对称镂空银丝花朵纹,末端为银丝缠梗和银条相接。其工艺精细,系苗族妇女的节日饰物。

### 一二〇　镂空乳钉纹银手镯

直径 5.3 厘米,重 35.7 克

20 世纪 90 年代制作

1990 年贵州台江征集

一对。呈宽带形,中部镂空,间饰十七颗乳钉空花座纹。活口。此镯流行于贵州施洞一带。

### 一二一　凤鸟戏花泡钉银手镯

直径 7.2 厘米,重 74.6 克

20 世纪 90 年代制作

1991 年贵州都匀征集

一对。为筒形，活口，中部饰连珠纹、泡钉纹、栉齿纹，两端饰凤鸟戏花纹。此镯流行于贵州都匀王司一带。

## 一二二　三纽贴花银手镯

直径 7.4 厘米，重 285 克

20 世纪 90 年代制作

1991 年贵州都匀征集

一对。中部宽，至两端渐窄。镯面錾刻几何图案，并贴饰八瓣花、蝴蝶花等形象。

## 一二三　梅花乳钉纹银手镯

直径 7.5 厘米，重 141 克

20 世纪 90 年代制作

1991 年贵州天柱征集

一只。活口，镂空梅花纹作底，上排列十一个实心乳钉。此镯流行于贵州天柱、黎平一带。

## 一二四　竹节形银手镯

直径 8 厘米，重 37.6 克

20 世纪 90 年代制作

1991 年贵州黎平征集

一对。空心，镯面呈竹节状。

## 一二五　辫形银手镯

直径 7 厘米，重 91 克

20 世纪 90 年代制作

1991 年贵州台江征集

一对。活口，由三股银条缠成辫形，中间一股是银丝。

## 一二六　九凸朵花银手镯

直径 10 厘米，重 198 克

20 世纪 90 年代制作

1995 年贵州凯里征集

一对。镂空花面作底，上面排列九凸朵花。此镯系苗族姑娘节日或出嫁时所佩戴。

## 一二七　花朵纹银戒指

戒面宽 1.8～2.5 厘米，重 9～21 克

20 世纪 30 年代制作

1953 年贵州普定平桥、盘县三区征集

两侧为一对。戒面正中为浮雕花朵纹，上下边沿为绳纹。

正中戒面以绳纹、菱形等为饰，两侧饰蝶纹。

## 一二八　十三珠银戒指

直径 2 厘米，重 15 克

20 世纪 90 年代制作

1991 年贵州台江征集

戒面以银丝编成菱形网状，分上、中、下三行排列，缀十三个梅花形珠，中间五个，上下各四个。此戒造型独特，工艺精致。

## 一二九　藤纹银戒指

最大直径 3 厘米，重 45 克

20 世纪 90 年代制作

1990 年贵州黎平迫东征集

一套三枚。中间粗，左右两端细。由 0.2 厘米的银丝扭成藤状，再用布条将接头处缠在一起。其造型独特。

**一三〇　镂空梅花乳钉带崽银戒指**

直径 2 厘米，重 19 克

20 世纪 90 年代制作

1991 年贵州都匀基场征集

一对。"母戒"饰镂空梅花纹，每只"母戒"上各吊三只细扭丝纹的"子戒"，故谓"带崽戒指"。此戒流行于贵州都匀一带。

**一三一　蜜蜂纹银戒指**

直径 2 厘米，总重 30 克

20 世纪 90 年代制作

1991 年贵州贵阳花溪征集

一套八枚。戒面正中为六瓣朵花，周有四只蜜蜂飞扑花蕊。花溪青岩一带姑娘出嫁时除大姆指外，其余手指都戴满此戒，以示富有。

**一三二　动物纹银衣片**

总重 930 克

20 世纪 80 年代制作

1983 年贵州台江征集

一套十三片。衣片表面镂刻狮子、麒麟、鱼、花鸟图案，每片下部边沿均坠响铃。其纹饰造型生动。此衣片为苗族妇女衣背装饰。

**一三三　野鹿衔枝纹银衣片**

宽 7.8 厘米，总重 328.5 克

20 世纪 80 年代制作

1983 年贵州雷山征集

一套十一片。衣片为长方形，表面浮雕野鹿衔枝纹及桅子花纹，每片下部边沿坠十

个喇叭吊穗。此衣片主要为苗族妇女衣摆装饰。

**一三四　如意蝙蝠纹银衣片**

宽 14 厘米，总重 238 克

20 世纪 80 年代制作

1983 年贵州雷山征集

一套五片。衣片呈三角形，表面饰连珠如意纹，并錾蝙蝠纹。两侧坠喇叭吊穗。此衣片缝于前、后衣片摆角处。

**一三五　镂空动物花卉纹银衣片**

总重 656 克

20 世纪 80 年代制作

1983 年贵州台江施洞征集

一套四十四片。衣片表面镂刻龙、凤、狮子、麒麟、花卉等纹饰，具有浓郁的地方特色。其工艺精细。制衣时，银片分三行依次缝在前胸、腰及背部。苗族妇女多在节日盛装时穿戴此衣片。

**一三六　人物动物纹银衣片**

宽 9～10.5 厘米，重 12.7～18.6 克

20 世纪 90 年代制作

1991 年贵州台江征集

衣片表面錾刻凤纹、人物骑马纹、童子麒麟纹、双鱼求子纹等。此为苗族妇女衣背饰物。

**一三七　蝴蝶铃铛吊**

长 10 厘米，总重 375 克

20 世纪 80 年代制作

1983 年贵州台江征集

一套六十串。铃铛顶部为帽式银泡,下坠蝴蝶及铃铛、菱角、叶片吊。此物用于装饰苗族妇女衣服边沿。

### 一三八　梅花围腰银链

通长 87.5 厘米,重 296 克

20 世纪 90 年代制作

1991 年贵州凯里征集

由三十四组双层梅花串成,两端各有大小银片两块,錾刻成花篮及蝴蝶形,背后置钩。此银链用来钩连围腰。

### 一三九　银扣

直径 0.8~1.2 厘米,重 16~20.7 克

20 世纪 90 年代制作

1991 年贵州黎平青榜征集

为圆球形,中空,每组八至十粒。此扣流行于贵州黎平、榕江、丛江一带。

### 一四〇　万字凸花银扣

宽 2.5 厘米,重 18 克

20 世纪 90 年代制作

1991 年贵州都匀王司征集

一组六粒。为变形万字形缀五朵梅花,下吊一莲蓬。此扣流行于王司基场一带。

### 一四一　双葫芦扣银背扇带

通长 78 厘米,总重 920 克

20 世纪 90 年代制作

1991 年贵州凯里征集

一套三件。每套用一圆环连接长链两端,下坠葫芦形带链银响铃,上刻蜜蜂形花纹。此为当地苗族妇女身着节日盛装时系在衣背上的装饰。

### 一四二　银背带(附局部)

通长 54.8 厘米,重 165.7 克

20 世纪 50 年代制作

1953 年贵州凯里舟溪征集

背带以深蓝色长条布为底衬,顶端钉有六角形太阳纹银牌,下为两排龙纹圆牌,其间是奏乐罗汉形象,底部坠蝴蝶牌带链银响铃。此为当地苗族妇女身着节日盛装时系在衣背上的装饰。

### 一四三　寿星八仙银铃背带

通长 50 厘米,重 156.8 克

20 世纪 50 年代制作

1953 年贵州凯里舟溪征集

背带以黑色绒布为底衬,顶部为九角形太阳纹银片,下两排皆为圆形,其间有八仙奏乐和寿星老人形象,底部坠蝴蝶牌带链银响铃。此为当地苗族妇女跳芦笙舞时系于背部的装饰。

### 一四四　螺纹银背牌

宽 6.6~15.2 厘米,重 68~92 克

20 世纪 90 年代制作

1991 年贵州凯里、黎平征集

由中间粗、两端细的银条弯曲而成,是当地苗族妇女衣背部的装饰。

### 一四五　银权背吊

高 10 厘米，重 740 克

20 世纪 90 年代制作

1991 年贵州雷山征集

其顶部中央焊粗环，凹处饰梅花纹。此权为苗族妇女背部装饰，可控制胸衣松紧，在当地较为流行。

### 一四六　花蝶纹银背带、压领芯

总重 188 克

20 世纪 90 年代制作

1991 年贵州都匀征集

一套十五个。背带芯由十个组成，形似圆帽，饰有掐丝花瓣乳钉纹，并坠蝶形瓜米花片。压领五个，为梅花双扣链，下坠镶银丝花篮、蝴蝶、朵花银牌，双面，中空。背带和压领系装饰背扇所用，流行于贵州都匀王司一带。

### 一四七　银菩萨腰带（附局部）

最高 4 厘米

20 世纪 90 年代制作

1991 年贵州黄平征集

一套上百尊。银铸浮雕菩萨，背后中空。其形态各异。此系苗族青年腰间饰物，流行于贵州黄平地区。

### 一四八　蝶牌银腰链

通长 60 厘米，重 172.5 克

20 世纪 40 年代制作

1990 年贵州台江施洞征集

系双股双环链，下为蝶牌和铆钉纹银丝空花活动扁盒，并坠刀、剑、挖耳勺、响铃、灯笼、石榴、叶片吊穗。其工艺精细，造型优美。

### 一四九　蝶牌银吊饰

通长 38.5 厘米，重 165 克

20 世纪 40 年代制作

1991 年贵州都匀王司征集

一对。为梅花双环链，链下为双面银丝边蝶形花牌，并坠绿色料珠、灯笼、花、叶片吊穗。其工艺精细，造型美观。

### 一五○　蝶牌银吊饰

通长 48 厘米，重 180 克

20 世纪 50 年代制作

1958 年贵州贵三都硐乡征集

为双股银链，下坠空花绣球，球下坠双面掐丝蝴蝶牌。牌正中为空花圆寿字，并坠十五串空花小球、鱼牌刀吊穗。其造型优美，工艺精细。此系苗族妇女节日盛装时佩戴在腰间裙外的装饰物。

### 一五一　兵器银吊饰

通长 34 厘米，重 224.6 克

20 世纪 50 年代制作

1958 年贵州卢山征集

一套两件。为双股银链，下吊钱纹圆牌，并坠刀、剑、牙签、挖耳吊穗。此系苗族妇女节日盛装时挂于腰间两侧的装饰物。

### 一五二　蝠桃万字纹围腰银吊饰

最长 17 厘米，重 26.6 克

20 世纪 90 年代制作

1990 年贵州台江征集

腰子形银片上雕镂空蝙蝠、鲜桃形象和万字纹，下坠葫芦、鹰爪、鱼、桃形象及响铃。蝠、桃是苗族群众十分喜爱的吉祥物，象征幸福和长寿。此吊饰流行于贵州台江施洞一带，常用作衣饰佩件。

## 一五三　笆篓形银吊饰

通长 21.5 厘米，重 86.5 克

20 世纪 90 年代制作

1991 年贵州黎平征集

主体为笆篓形银牌，中空，双面錾双鱼、梅花、连珠、乳钉纹，并坠蝴蝶、鱼、响铃吊穗。随着佩戴者的走动，吊牌上的饰物会相互撞击发出锐耳的响声。其造型美观，为贵州苗族男子腰间饰物。

## 一五四　蝶牌银吊饰

通长 59 厘米，重 490 克

20 世纪 90 年代制作

1991 年贵州黎平征集

吊饰上部和下部银牌錾蝴蝶纹，中部银牌錾双龙戏珠纹，用银皮筒连接。顶端为一圆环，下坠兵器吊。此为贵州苗族男子腰间饰物。

## 一五五　雀珠烟盒银腰链

通长 50 厘米，重 260 克

20 世纪 90 年代制作

1991 年贵州丹寨征集

由银雀、银珠、花卉方印盒、烟盒等组成。空心。珠上饰花、鱼等多种纹样，纹饰精美。烟盒表面錾刻双雀、蝶、鱼等图案。其造型独特。为贵州苗族男子腰间装饰物。

## 一五六　飞蛾花鸟围腰银牌

长 12.5 厘米，重 13.5 克

20 世纪 90 年代制作

1993 年贵州雷山征集

纯银制成。半园形银牌表面浮雕喜鹊、牡丹形象。其顶部正中为双扣链，上饰一飞蛾。此银牌为贵州苗族妇女围腰上方的装饰物，制作工艺极为精细。

## 一五七　鱼形银帐饰

高 2.7~2.8 厘米，重 4~6 克

20 世纪 40 年代制作

1990 年贵州台江施洞征集

两件。为鱼形，鱼尾上卷，鱼身及尾部錾花。为当地苗族群众衣服或蚊帐上的装饰品。

## 一五八　花篮形银帐饰

高 5~7.7 厘米，重 8.5~15 克

20 世纪 40 年代制作

1990 年贵州台江施洞征集

三件。双面浮雕，为花篮形，做工精美。系帐沿饰物。

（以上文字由李国庆、刘明琼、简小娅、蒋雪梅撰写）

# 后　记

　　贵州民族文化多姿多采，引人入胜。许多到过苗乡的人都对熠熠闪烁的苗族银饰推崇备至，欲购相关专集，惜无，遗憾而去。不少出版社也对苗族银饰产生很大兴趣，终因经费原因，未果。

　　感谢文物出版社大力扶持，周成先生两度来黔，商谈出版事宜，促成本书得以问世。感谢我省文物战线上的新老同志，他们辛勤的征集工作，为本书的出版奠定了物质基础。同时，感谢贵州省文化厅对本书出版工作的大力支持。

　　另外，对提供图片的吴仕忠先生及参与工作的王红光、唐文元、翁泽坤等先生，一并表示感谢。

编　　者

1999 年 8 月

226